赵剑英肖像照

证　书

命名赵剑英为国家级非物质文化遗产项目武当武术的代表性传承人。

中华人民共和国文化部
二〇〇七年六月

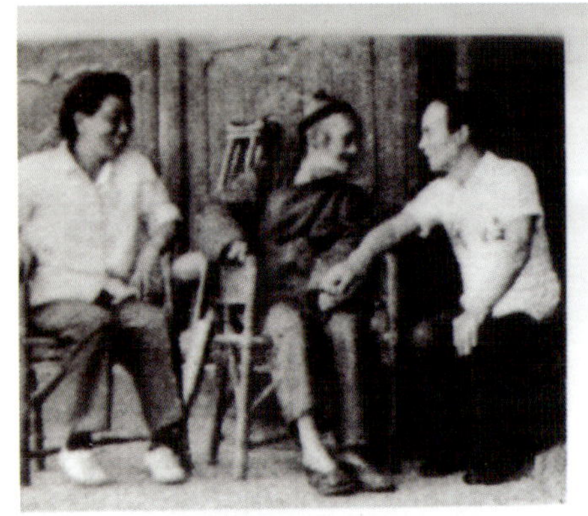


武当太乙五行拳传承有序——摘自《丹江口市志》

武当山嫡传太乙五行拳正宗传人、赵剑英恩师爱新觉罗·溥寰（化名金子弢）

赵剑英（前排右起第五位）参加1983年湖北省武术工作座谈会

武当派名家汇聚金顶，左一为武当太乙五行拳第十八代传人赵剑英、居中者为长江大侠吕紫剑、右一为西安体育学院教授尚济

赵剑英练剑照

1981年，赵剑英三子覃献平（左一）跟随爱新觉罗·溥寰（化名金子弢）习练武当太乙五行拳，并负责其在均县的生活起居

中国道教协会会长、武当山道教协会会长李光富向武当太乙五行拳传人覃献平颁发证书。

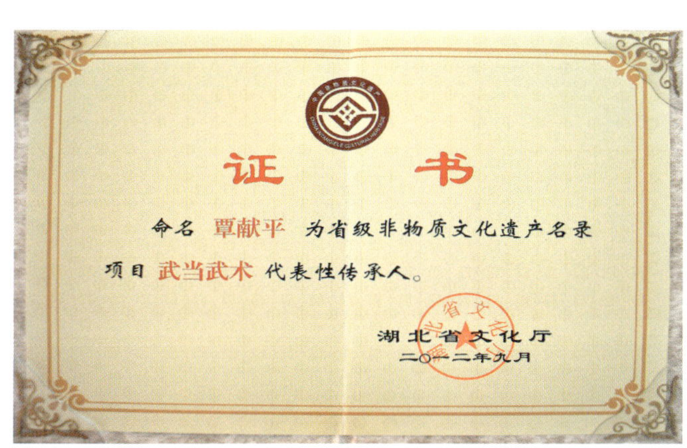

证　书

命名 覃献平 为省级非物质文化遗产名录项目 武当武术 代表性传承人。

湖北省文化厅
二〇一二年九月

覃献平练拳照

2007年赵剑英被文化部命名为国家级非物质文化遗产（武当武术）代表性传承人，长孙覃良伟、长孙女覃侠均为武当太乙五行拳非遗项目十堰市级代表性传承人。

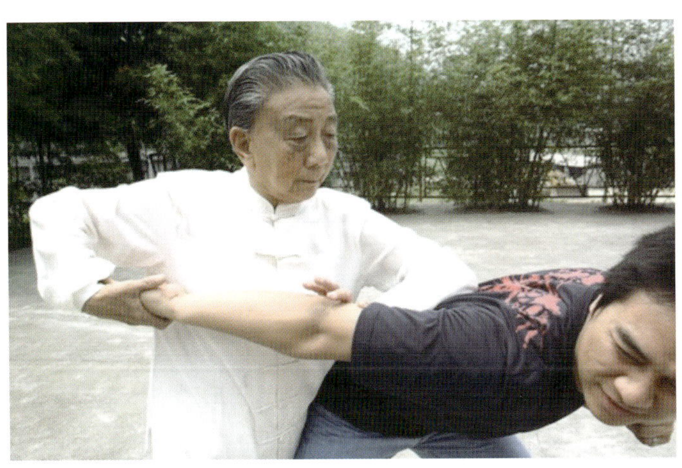

赵剑英指导长孙覃良伟太乙五行拳实战

赵剑英指导长孙女覃侠习武

1982 年，赵剑英代表湖北参加全国武术工作会与中央领导合影，后排左起第四为赵剑英

1987 年，覃献平毕业于武汉体院
湖北省首届摔交教练员培训班

1957 年，赵剑英（第三排右起第十位）代表广西队
参加全国射箭武术观摩大会

赵剑英与时任中国道协副会长、湖北省道协会长兼武当山道协会长王光德演练武当太乙五行拳

时任武当山道教武术总教练的赵剑英
与乾道弟子合影

时任湖北省文化厅副厅长、文联主席沈虹光携十堰市文体局局长牛孝文、丹江口市市委领导一行赴武术基地看望赵剑英

十堰市、丹江口市委市政府、中国道教协会、武汉体育学院领导出席武当太乙文化研究会成立大会暨丹江口市国家级非遗武当武术传承基地挂牌仪式

2010年秋，应文化部和外交部之邀，美国艾美奖获得者王勤平率国外电视台拍摄文化宣传片《功夫大师赵剑英》，翻译为10国语言推广，赵剑英右侧为丹江口市市长曾文华、左侧为王勤平；牌匾左侧为赵剑英长孙女覃侠、右侧为覃献平

2017年，覃侠作为文化部代表性传承人公派出访美国，在美国4个州35所中小学传承正宗武当武术

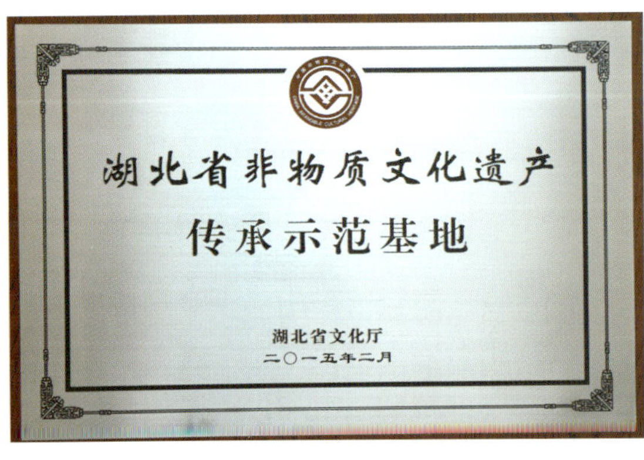

湖北省非物质文化遗产
传承示范基地
湖北省文化厅
二〇一五年二月

湖北省非物质文化遗产
武当武术
（武当太乙五行拳）
湖北省人民政府公布
湖北省文化厅颁发
二〇一三年十月

中华武术大观

# 赵剑英武当太乙五行拳专辑

覃献平　覃良伟◎主编

长江出版传媒
湖北科学技术出版社

**图书在版编目(CIP)数据**

中华武术大观. 赵剑英专辑 / 覃献平等主编. 一武汉：湖北科学技术出版社，2017.11

ISBN 978-7-5352-9743-3

Ⅰ. ①中… Ⅱ. ①覃… Ⅲ. ①武术—介绍—中国 Ⅳ. ①G852

中国版本图书馆 CIP 数据核字（2017）第 257711 号

责任编辑：谭学军　徐　竹　　　封面设计：胡　博

出版发行：湖北科学技术出版社　　　电话：027-87679468

地　　址：武汉市雄楚大街 268 号　　　邮编：430070

（湖北出版文化城 B 座 13-14 层）

网　　址：http://www.hbstp.com.cn

印　　刷：武汉中科兴业印务有限公司　　　邮编：430071

787×1092　1/16　　　10.25 印张　4 插页　220 千字

2018 年 8 月第 1 版　　　2018 年 8 月第 1 次印刷

定价：48.00 元

# 中华武术大观·赵剑英专辑
# 武当太乙五行拳

**传授者：**赵剑英

**演练者：**赵剑英　覃献平　简元章　覃良伟
覃　侠　温　洋

**主　编：**覃献平　覃良伟

**副主编：**覃　侠　覃良俊　付　翔

**顾　问（以姓氏笔画为序）：**
江百龙　陈志刚　陈智忠　李光富
吴三敏　肖长银　张襄武　高　飞
徐耀进　温　冰　游小武　曾文华

# 湖北省省级非物质文化遗产
# 武当武术代表性传承人
# 覃献平简介

覃献平，男,1955年出生，祖籍广西壮族自治区河池市金城江，湖北省丹江口市人，武当太乙五行拳第十九代掌门人，湖北省省级非物质文化遗产武当武术代表性传承人。系国家级非物质文化遗产项目武当武术代表性传承人、武当山道教武术总教练赵剑英之子，原郧阳地区摔跤队主教练，曾获湖北省第八届、第九届、第十届省运会摔跤项目省级优秀教练员称号。现任中国武当武术协会副主席、十堰市武当太乙五行文化研究会会长、丹江口市武术协会主席、丹江口市国家级非物质文化遗产武当武术传承基地总负责人。

# ▶序一

武当山，又名太和山、谢罗山、参上山、仙室山,古有“太岳”“玄岳”“大岳”之称，素有“非真武不足以当之”美誉，是中国著名道教圣地，于1994年被联合国教科文组织授予世界历史文化遗产，是中国武当武术的发源地。

武当太乙五行拳，又名武当太乙五行擒扑二十三式，是武当武术的代表性拳种。

1980年和1981年，全国武术观摩交流表演大会上，浙江代表队金子弢老先生，两度表演此项拳术于太原和沈阳，引起广泛注意，深得各方好评。

金子弢老先生于1929年秋上武当山住居于紫霄宫七月有余，师从李合林道长，习得武当太乙五行拳，恪守门规，五十余年未外露，遂江湖是非、武林传言武当无拳。

此拳系明弘治年间，由本宫龙门派第八代宗师张守性，以祖师张三丰太极十三式为依据，融合汉末名医华佗五禽戏及道门传统的吐纳导引和技击融炼而成。此拳以五行相生相克之理为依据，分阴阳、定五行、踩八卦、穿九宫、四方四隅、方丈之地演练。以养气健身、制敌自卫为旨归，讲究尚意不尚力，贵化不贵抗。身法“以胯带腰，肩胯相对，两手环抱，脚走括弧”，处处走圆化柔，腰随胯转，身法中正不偏，步带弧形运行匀缓，动静自如，动如蛇之行，柔似蚕作茧，以整体柔韧之劲，制人之动，克人之刚，辨位于分寸毫厘，制敌于擒扑封闭，有“拳打卧牛之地、脚踢丈二方圆”之说。

为抢救、发掘、继承、研究和推广此拳，20世纪80年代初，武当山道教协会委托国家级非物质文化遗产武当武术代表性传承人、武当山道教协会武术总教练赵剑英老前辈，联手原均县体委、武汉市武术协会成立专班整理小组并成功整理出以武当太乙五行拳为代表的武当拳法近百余种，金子弢老先生为还拳武当，了此心愿，悉心传授赵剑英老师。曾三次亲临武当山传拳，实属武当之幸！

赵剑英老师花甲之年，不辞劳苦，不计报酬，不辱使命，毫无保留训练道人武当武术，拉开了武当武术回传武当的历程，为复兴、传承武当武术培养了一大批社会中坚力量，赵剑英老师对武当功德无量。

斯人已逝，大道无痕。功绩已书，精神长存。我为赵剑英老师的英灵击鼓而歌,是为序。

道德经曰：生而不有，为而不恃，长而不宰，是谓玄德。

中国道教协会会长、武当山道教协会会长 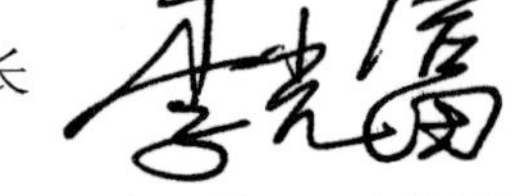

2017年9月9日于紫霄

# ▶序二

## 健康长寿拳
## ——武当太乙五行拳

赵剑英

古往今来，人类一直在追求健康长寿，因为生活的美好和幸福都离不开健康。随着人口老龄化高峰的到来，联合国向全世界提出了“建立不分年龄，人人共享的社会”的呼唤，引起世人对老年人的关怀。延长生命，减缓衰老，渴望健康与长寿是人类永恒的追求，成为世界各国共同研究的新课题。众所周知，古今中外没有“长生不老”的灵丹妙药，有生必有死，这是自然界一切生命都不可抗拒的规律。但从我60余年的习武生涯中，尤其是1980年受先师金子弢先生嫡传武当太乙五行拳后（以下简称太乙五行拳）坚持演练的亲身实践，深刻地体会到，科学合理地坚持武当太极内家拳的锻炼是改善人体生理功能、防患于未然、延缓衰老、防病抗老、延年益寿的重要手段和良方，我国古代《十叟长寿歌》中“太极朝朝走”说的就是太极拳和武当内家拳是健康长寿的秘诀。

### 衰老是影响中老年人健康长寿的天敌

一个健康人究竟能活多少岁呢？我国最早的医书《黄帝内经》里就有记载：“尽其天年，度百岁乃去。”这就是说，人类的自然寿命应该在100岁以上，如果不足百岁而死去的是未尽其天年，称为“夭折”。现代老年医学研究者通过长期的实地调查与科学研究证明人类最高寿命可以活到100～160岁。然而，为什么绝大多数人都没有活到这个年龄呢？其主要的原因是没有有效地控制衰老。衰老是指随着年龄增长而产生的一系列生理系统和形态方面的改变，从而引起人体对内、对外环境适应能力逐年减退的一种表现。老是生命的一种现象，从生物学的观点来看，人从25岁开始，代谢能力每10年减退７％～８％。由于老年人机体的新陈代谢水平降低，体内各器官的生理功能得不到充分的调动和发挥，就会肌肉萎缩，脑力衰退，身体状况较差，抵抗力减弱，病魔缠身，加快衰老，缩短寿命。

## 坚持太乙五行拳的锻炼是抗老防衰的有效手段

### （一）从太乙五行拳拳势和理论上来看

五行拳是武当山道教龙门派张守性以“太极十三式”为依据，并结合汉末名医华佗的健身五禽戏，以及道家传统流派中的吐纳、导引、技击等内容融合而成。在理论上太乙五行拳更偏重于阴阳五行理论，因而其套路方位、路线，讲究分阴阳五行、踩八卦、穿九宫的格局。在锻炼过程中尚意不尚力，贵化不贵抗，要求心意相依，处处走圆化柔，腰随胯转，身法中正不偏，步带弧形运行匀缓，动静自如，动如蛇之行，静似蚕吐丝，以整体柔韧之静，制人之动，克人之刚，其行动之妙，非同一般，其理论精粹正如华佗之论说：“人身常动摇则谷气消，血脉通，病不生，人犹户枢不朽是也。”这充分说明了太乙五行拳在养生保健和技击锻炼中有重要积极的意义和作用。

### （二）从太乙五行拳养生健身的角度来看

人分阴阳，成于五行，五行相生则阴阳和顺，五行相克则阴阳不调，和顺者免疾病，不调者积痼成病，从而医道生。然而，五行拳依其五行相克之数，调节阴阳平衡，讲内调温养，至阴至阳，驱邪扶正，顺其自然，练功不辍，阴阳平和，益寿延年。此拳还结合了华佗五禽戏中的象形动作：虎形壮肺、猿形壮肾、鹿形壮脾、熊形壮肝、鹤形壮心，使防衰老祛疾病的锻炼功效更佳。尤其是在拳术中一开一合，运动全身各部的方式和舌抵上腭，接通任督两脉的真气运行于人体，对健康大有裨益。另外，在进行太乙五行拳的锻炼时，除全身各个肌肉群、关节需要活动外，还需要配合均匀的深呼吸与横膈运动，尽量做到心静意长，精神贯注，整体合一，内外合一，这样，就对中枢神经系统起到良好的影响，从而平衡心血管系统机能、呼吸机能、骨骼系统机能、代谢功能、消化功能以及消除老年人肥胖带来的威胁等，使人体系统与器官机能得到改善和保健，起到养身健身、祛病延年、抗老防衰的作用。

综合上述，太乙五行拳明显于编排创造设计既符合人体生理规律，又符合大自然运行规律，有独特的三大特点。

一是它讲求拳气合一，以意引气，以内气随拳势之变化而运转周身，变化无穷，身心均受益；二是要求刚柔相济，刚藏于内，柔现于表，刚中有柔，柔中有刚，以柔韧之劲，连贯于整体之中；三是在内气运行时有动有静，静中有动，动中含静，以静制动，动静结合，心意相依，集养生与拳术为一体，达到以神为归，怡然自得。所以可以说，太乙五行拳对中老年人是一种极好的保健体操与医疗体操，它虽然不能使人长生不老，但确实能达到祛病延年的目的。

## 锻炼太乙五行拳应注意的事项

根据我多年研习太乙五行拳的经验来看，此拳的修炼不能一蹴而就，必须讲究方法，需要时间，循序渐进，不打好扎实的基本功，就难以达到健身祛病的效果，所以必须注意以下几点。

### （一）学习掌握基本理论体系

必知理法，探寻研练之规律，进行科学的锻炼。现代科学证明，内气是一种特制质流，是人体潜在的客观存在，但内气的出现必须经过专门的训练，掌握内在的规律。武当内家云：拳起于易，理成于医。欲习练太乙五行拳，首先必须学习太乙五行门的基础理论体系，从中探寻修炼之规律。大家都知道人体奇经八脉十二经络与五脏六腑相生相通，所以三节松柔，九窍相通，太乙真元即能循五行流注，最后养气归丹，达到内以养身，外以祛病，抗老防衰，延年益寿之效果。

### （二）必须首先练好九宫旋转十二桩法

打松胯关节的入门关键，扎扎实实地练习基本动功功法。重视拳势方位与

手型，把握每招每式的方向，不能随心所欲，任意变换，错走一步，就会影响整套拳术的路线。只有外形的准确，内功的理顺，才能得到“完整一气、浑然天成”的意境，达到通三节九窍，有利于整体合一，内外合一，方可进入内气的导引，混元气的培养，内丹的形成。

### （三）切忌急于求成

把住整体和内外合一，注意循序渐进，做到持之以恒。对初学者来说必须力求放松、均缓，消除拙力。不仅要求外形姿势正确，而且要做到缠韧、柔中有刚，从松柔入手，化刚为柔，继而积柔成刚，最后达到刚复归柔的练功步骤。在复杂、连贯的动作中处处保持整体合一。把基础打牢固，才能有利于拳架成型、技术提高。力争做到整体放松，心静意专、柔韧圆活、绵绵不绝、神形兼备、内外相合、身法中正、任凭阴阳，使内外合一，但绝不能好高骛远、急于求成，以免出现偏差。除此，关键还要做到持之以恒、贵在坚持，三天打鱼两天晒网是没有效果的。要求不急躁、不厌烦、心平气和，循规蹈矩，在行功走架上怡养浩然正气，达到身心双修，自然水到渠成。

### （四）练习太乙五行拳的环境、时间、服装选择

太乙五行拳属于小架子，方丈之地便可演练，不受场地限制，但要平坦。有条件的最好在公园、树林、广场、河边，四周有花有草、空气新鲜、环境安静、气候湿润、无污染的地方。最佳时间选择一般在清晨和晚间，俗话说“二五更练拳”为最佳时间。早晨在５～７点，夜晚在９～１１点。根据四季变化可调整。另外切忌饱食后马上练拳。裤子宜选宽大松软些，以便练拳下蹲做势，鞋应当穿平底的运动鞋或布鞋，以便练拳时做旋转、起跳、蹿蹦等动作。舒适的鞋袜有利于下肢气血畅通。

### （五）相信科学，破除迷信，加强医务监督

武当太乙五行拳虽然是重要的健身与预防疾病的手段，可以调剂、改善生理功能，增进身心健康，延缓衰老，但不是长生不老药，不能治百病。练功者还是要相信科学，破除迷信，有病者要在医生的指导下，接受医务治疗，再结合自身实际病情进行练拳，只有双方有机的结合，因人因病而宜地锻炼，才会

有较好的效果。

中老年朋友们，我们虽不能倒转衰老规律，但可以通过科学的体育锻炼推迟延缓衰老。武当太乙五行拳与武当武术作为一种祛病延年、强身健体的修身养生术，无疑会使你“八十不算老，九十年尚小，人生满百岁，夕阳无限好”。

注：《健身长寿拳——武当太乙五行拳》为赵剑英老师出任十堰市武术协会副主席期间发表的论文，先后被《武当》、《中华武术》等武术核心期刊转载，本文原文摘录。

# 前　　言

赵剑英（1926—2011年），女，汉族，原名赵桂英，湖北均县人。生前任中国武当拳法研究会理事、湖北省体育武术科学研究会委员、十堰市武术协会名誉主席、武当山剑英国术馆馆长、武当山道教武术总教练，是武当太乙五行拳十八代正宗传人。2007年，被文化部批准为中国首批国家级非物质文化遗产武当武术代表性传承人。

赵剑英先后经历了抗日战争时期、解放战争时期、新中国建设时期武术的停滞与发展，毕生从事武术事业。武术生涯中，尤其以1980年山西太原全国武术观摩交流运动会师承金子弢先生后还拳武当，推广武当太乙五行擒扑二十三式为代表性事件，从此拉开了国家挖掘整理武当武术的序幕，并终结了自20世纪30年代至90年代武术界近六十年关于“武当是否有拳”的争论。赵剑英为武当武术正名，深受武当山道教协会的尊重，生前受聘于武当山道教协会武术总教练，全力传授武当道士武当功夫，使流失多年的武当拳法又重新回归武当，在延续发展武当拳术上做出了特殊贡献。

赵剑英1926年出生武当山下的老均州城。1932年随驻扎部队国教官习练国术，习得小洪拳、大洪拳、燕青拳、十二路谭腿等许多武术套路，打下了坚实的武术功底。

1941年，赵剑英应征到总部设在老河口的第五战区政工队，参加抗日救亡的宣传工作，并受聘为第五战区的武术教官。

1942年，赵剑英奔赴前线，为抗战将士悉心传授徒手格斗、擒拿、搏击等自卫防御方法。

1944年底，随丈夫覃辉（民主人士、时任李宗仁随行副官、第五战区司令部上校参谋，起义后任中国人民解放军滇黔桂游击纵队第十支队参谋长，中华人民共和国成立后任河池县建设委员会主任、广西壮族自治区第一届人大代表、桂西自治州政协副秘书长）辗转广西，先后在河池县法院、文化馆、广西壮族自治区政协、南宁师范大学工作。

1957年6月，赵剑英代表广西壮族自治区参加了在北京召开的“全国武术评奖观摩大会”，荣获优秀奖。

1958年，出任广西南宁体委健身武术社副社长兼武术总教练。

1960年9月，在郑州市举行的全国武术观摩交流大会，赵剑英表演的枪、剑、拳等自选武术器械套路获大会优秀奖，并应邀参加了广西电影制片厂拍摄的专题体育新闻纪录片。

1979年，在湖北均县体委当武术教练。

1980年，赵剑英代表湖北队赴山西太原参加全国武术观摩交流运动会，荣获大会优秀奖。同时有幸结识众多武林前辈。一是被恩师金子弢先生（金子弢，清皇族后裔，这位传奇人物是隐姓埋名长达半个多世纪的武当山嫡传太乙五行拳正宗传人爱新觉罗·溥寰）收为嫡传弟子，并得金老亲授“武当太乙五行擒扑二十三式”指定为武当龙门派武当太乙五行拳传人；二是结识形意八卦太极大师沙国政先生，并由沙老亲授 “武当三丰太极剑”“八仙剑”“八卦掌”“形意拳”等；随后在国内大赛上又结识武术界老前辈万籁声、万籁平、狄兆龙等，在切磋交流中不知不觉已使赵剑英在武术境界上出类拔萃，成为武当武术传承的中坚力量。

1982年12月，赵剑英作为湖北代表团代表赴中南海参加全国武术工作会议，受到时任国务院总理赵紫阳同志的亲切接见。

1983年1月，赵剑英参加湖北省武术工作座谈会，作为郧阳地区和武当武术的重要人物全程参与了湖北省武术挖掘整理小组工作，对武当武术进行了专题调查和挖掘整理，共总结挖掘出武当拳种达百余种之多。

1985年5月，赵剑英赴武汉参加 “国际太极拳、剑邀请赛”，荣获银质奖。

1987年，赵剑英出任武当山道教协会领队和武术总教练，教授道人练武当武术。并参与组织策划中国首届武当武术擂台赛。

1989年，赵剑英作为湖北代表团代表赴成都参加全国武术论文报告会，专题研讨“武当拳派源流、拳系和内容研究”。

1991年，出席首届中国武当文化武术节，正式担任武当山道教武术总教练，教授道人练武术。

1992年起出任十堰市武术协会副主席。期间发表论文《健康长寿拳——武当太乙五行拳》。

1993年，出席第二届中国武当拳功理功法研讨会。

1993年9月，接受邀请出席第三届中国郑州国际少林武术节，受到时任中国武术协会主席张耀庭、副主席张山、秘书长夏柏华等同志的亲切接待。

1995年7月，赵剑英受时任武当道教协会王光德会长的邀请，在武当山集中一个月向原中央委员、湖北省委书记关广富同志传授武当拳法。

1995年11月，代表湖北省参加第五届中国少数民族传统体育运动会，荣获优质奖。

1996年，赵剑英在武当山开办剑英武术馆，正式授徒。之后又将剑英武术馆开办到丹江口市，系统地选拔、培养武术人才。 据不完全统计，在历次国内外大赛和交流演出中，赵剑英及其弟子带队共获得金牌166枚、银牌211枚、铜牌78枚，并多次获得优秀奖，受到国家、省、市各级领导的亲切接见。

2007年，出任中央电视台CCTV5《武林大会》之“武当太乙五行拳”监督委员会主任并担任央视专家评审。

2007年5月，鉴于其对武当武术的突出贡献，赵剑英被国务院文化部任命为国家级武当武术代表性传承人，列入首批国家级非物质文化遗产代表性传承人名录，领衔中国武当武术。

2010年，赵剑英指定长孙覃良伟、长孙女覃侠、门派弟子胡立清应邀拍摄并制作突出武当武术特色的武当太乙五行拳和武当三丰太极剑特大型个性化邮票。该邮票限量3000套在上海世博会上发行，作为世博会湖北馆的主要礼品馈赠国内外重要来宾。

2010年8月，文化部和外交部联合策划的关于我国对外使领馆的文化宣传片《功夫大师——赵剑英》由美籍华裔著名纪录片导演王勤平率美国彩虹电视台摄制组一行拍摄完成。该片以“赵剑英（国家级）、覃献平（省级）、覃侠、覃良伟（十堰市级）”为轴线拍摄，介绍了国家级非物质文化遗产武当武术项目代表性传承人赵剑英为“见证武当有拳”三十多年痴迷武当武术的非凡人生。2013年，该片不仅荣获美国传播家奖纪录片荣誉奖，还在美国彩虹台和全美公共频道播放，共翻译为10国语言，播放后在美国掀起了一股中国武当功夫的热潮，让更多外国人了解了中国优秀的传统文化。

2011年1月6日，赵剑英在湖北省丹江口市安详离世，享年86岁。

# 祭恩师文

恩师赵氏，名讳剑英，出身寒微，心志高远，兰心蕙质，秉性纯良，为党为国，奉献终生；吾辈弟子，敬仰其名，巍巍丰碑，铭刻其功。

武当武术，文化遗产，传承之人，恩师代表；武当龙门，名门正派，太乙五行，立足世界，嫡传恩师，第十八代；武当道教，武术总教，享受国家，特殊津贴。

恩师一生，历尽坎坷，第一不幸，幼年丧父；四岁那年，投师习武，冬练三九，夏练三伏，风霜雨雪，幼年不辍；内修身心，外练筋骨，磨炼意志，历尽艰辛，十年乃成。老河口市，回民小学，一卷书本，两袖清风，三尺讲台，教书育人。

国穷民弱，倭寇入侵，杀我同胞，屠我河山；恩师二八，豆蔻年华，投笔从戎，奋起抗日；英姿飒爽，不让须眉，中国军队，出任教官，挺进中原，辗转桐柏，教授武术，报国杀敌。

抗战胜利，内战又起，随夫辗转，广西河池；丈夫覃辉，民国县长，人在曹营，心向我党，暗中支持，滇黔纵队；金银细软，枪械弹药，盐粮药品，军事情报，倾囊相赠；为了安全，恩师出马，翻山越岭，亲自护送；途中遇险，爱女走散，四十七载，乃得重见。

中华人民共和国成立以后，生活平稳，恩师重操，传道授业；师拜名家，痴迷功夫，搏击散打，尤擅剑术；南宁成立，武术社团，普及国术，光大国粹；代表广西，多次组团，奔赴北京，比赛汇演，夺得奖杯，成绩斐然。

恩师一生，饱受磨难，第二不幸，中年丧夫；整风反右，丈夫蒙冤，死于非命，牵连恩师，受难受屈；日常生活，难以为继，拖儿带女，返回均县；膝下娇儿，嗷嗷待哺，其情也悲，其心亦苦，街边摆摊，日月熬度。

十年动乱，劫后余生，平反昭雪，高洁如松；拨乱反正，重振精神，开馆

授徒，广收门生；诲人不倦，杜鹃啼血，春蚕丝尽，烛炬成灰；以武结缘，以武报国，以武会友，以武传世。传承国术，中华精英，立言立德，立功立勋；健康人民，造福社会。

设立剑英国术馆，传播武当内家功，历尽劫波忠义胆，攀登武学新高峰。芳菲桃李满天下，武坛自有后来人。

吾师恩情，天高地厚，吾师品格，仁厚高古，缅怀恩师，长歌当哭!

恩师一生，其功丰焉，其绩伟焉，其德彰焉，其善大焉!

鞠躬尽瘁，死而后已，终生耕耘，只争朝夕。

生为人杰，死亦鬼雄，恩师功德，泣血以陈。

香消玉殒，魂归天国，天人两隔，音书难托；事有疑难，何以求教？心有喜忧，何以诉说？呜呼哀哉!

伏惟尚飨。

众弟子敬奉

# 目　录

# 一、武当太乙五行拳的源流

## （一）拳种源流

### 1.道内流传阶段（标志性人物张守性、李合林）

中华武术博大精深，源远流长。武当内家拳乃是其中一支声望显赫的大流派。《拳经》云，“吾国技击之学，发端于战国，昌明于唐宋，盛极于明清”。从武术发展史来看，唐宋是武术发展的一个高峰。特别到宋代，各武术流派相对定型，及至元明时期，武术又在理论、形式及内容上有了新突破。位于湖北武当山的道教圣地，正是在明初崛起的威震华夏的内家武功，从此形成“北崇少林，南尊武当”的双峰并峙的两大武术流派。

武当武术始自武当祖师张三丰，他不仅精通内丹养身术，更是集前人搏击术之大成，将内丹养身术与搏击术有机结合，以道教内丹养生术为理论指导，把搏击术改为内丹养生术的动功功法，创立“太极十三式”，并在此基础上，建立了武当内家拳法体系。大多数武当派内家武功均在张三丰“太极十三式”基础上发展而来，太乙五行拳也不例外，它是对“太极十三式”的继承与发展。

武当太乙五行拳原名“武当太乙五行擒扑二十三式”，由明朝弘治年间（1488—1505年）武当山道教龙门派第八代宗师张守性，以祖师张三丰“太极十三式”为依据，融合汉末名医华佗《五禽戏》及道门传统的吐纳导引和技击融炼而成。此门功夫释意为：真气按五行方位遣行之功夫。由于道门阶层等级分明，作为道家龙门派上乘武功的太乙五行拳，历代被奉为看家本领，只传于层次较高的道士，一般道人无缘问津。至清末民初，此门功夫传到第十六代李合林道长（时任紫霄宫住持）手中。其间400多年未外泄民野，完整保留了武当内家武功古朴的面貌。

**2.道外传播阶段（标志性人物金子弢）**

1929年，时年23岁的爱新觉罗·溥寰(金子弢)，游历名山大川，秋到武当小憩，以施主身份居住于紫霄宫，无意间窥得李合林道长演练太乙五行拳。金子弢先生自幼爱武，经询问后欲求之，然而李合林道长恪守道规，断然不允。然金子弢先生心诚意笃，欲以出家表其学艺之心志，终于感动道长，破例收下这个俗家弟子。根据道门拳派戒规，金子弢先生在紫霄宫大殿内，焚香燃烛拜师，并跪于玄武真帝塑像前起誓永不传人，方才获得此门功夫，并悟得真谛。

尔后五十年如一日，金子弢先生恪守誓言，尽管人生坎坷，却始终练功不辍，从不外露。太乙五行拳的对外公开得缘于1980年山西太原的全国武术观摩大会，当时以近晚年的金老痛感武当内家武术湮没尘世，濒临绝迹，出于对民族宝贵文化遗产的珍惜之情，毅然打破门规，在会上首次公开演练太乙五行拳。他以娴熟的架势，古朴的风格首次亮相，赢得了武术同仁的高度评价。比赛中，当他看到湖北代表队的赵剑英演练武当武术时，其良好的武术根基、与生俱来的武术灵气以及对武术痴迷钻研的精神打动了金子弢先生，经均县籍湖州队友王保仁引荐，金老得知赵剑英来自武当山，非常激动，本着“还拳于武当”的想法，决定把自己苦苦研习五十余年的太乙五行拳全面传授给赵剑英，也算把这套拳还给武当以了心愿，遂破例将剑英收为衣钵嫡传弟子，把太乙五行拳的所有拳功义理倾囊授予赵剑英。

在接下来的一段时间里，赵剑英每天跟金老学拳并感概道：“金老师当时已经七十多岁了，老人身体硬朗，教拳、口诀、心法传授给我都亲力亲为、毫不含糊，这样的武术传承精神一直影响着我”。金老先生很满意这个学生，不仅把太乙五行拳的有关资料交给了赵剑英，还将其作为武当太乙五行拳的正宗衣钵传人。赵剑英返鄂后也立刻把这一情况向湖北省武术管理部门做了详细汇报。从此，武当内家拳这一在武林中沉默了数十年的拳宗，又赫然出现在中国武坛上，令世人瞠目。

1980−1982年，赵剑英先后三次请恩师金子弢回武当传拳，将武当太乙五行拳发扬光大。原郧阳地区武术教练杨群力、摔跤教练覃献平等人第一批习得

此拳。

1982年12月，赵剑英作为湖北代表团代表赴中南海参加全国武术工作会议，受到时任国务院总理赵紫阳同志的亲切接见。

1983年1月，赵剑英参加湖北省武术工作座谈会，作为原郧阳地区和武当武术的重要人物全程参与了湖北省武术挖掘整理小组工作，对武当武术进行了专题调查和挖掘整理，共总结挖掘出武当拳种达百余种之多。

1985年，金老去世，赵剑英及众同门师兄弟铭记金老“光大太乙五行拳”的嘱托，解放思想，破除门第之规，开馆授徒，义务传功。

1987年，赵剑英正式出任武当山道教武术总教练，教授道人练武当武术，拉开了武当武术回传武当的光辉历程，并在此阶段培养了一大批武当拳法的中坚力量，为传承武当武术打下了坚实的基础。

### 3.论证武当有拳阶段（标志性人物赵剑英）

20世纪30年代，著名的武术史学家唐豪先生《少林武当考》一书由华联出版社出版，书中对武当武术这一名宗及张三丰其人提出了非议，综其说者竟一度引申为“武当无拳论”。至此，其后的几十年，“有”与“没有”，是是非非，矛盾重重，给武术界、武术习练者造成了极大的困扰，阻碍了武当武术的整理、研究、发展和推广工作。

武当山武当拳法研究会会长、《武当》杂志社社长刘洪耀说，20世纪90年代以前，武林界一直存在 “武当无拳”的争议。赵剑英最大的贡献就是用扎实、深厚的武当功夫驳斥了“武当无拳”的争议。她将武当武术集成合力，集武当太乙五行拳、武当三丰剑、武当养生功等最具代表性的武当武术于一身，展示了武当武术的博大内涵。她对武当武术的毕生追求值得尊重，不仅自身苦心钻研武当武术，还培养了一大批武当武术传人，在海内外展示武当功夫，扩大了武当武术的影响。

武当传拳拉开了国家挖掘整理武当武术的序幕，并终结了自20世纪30年代至90年代武术界近60年关于“武当无拳”的争论。赵剑英为武当武术正名，于1987年授命于武当山道教协会武术总教练，使流失多年的武当拳法又重新回归武当，在延续发展武当拳术上做出了特殊贡献。2007年5月，赵剑英被文化部列入首批国家级非物质文化遗产代表性传承人名录，领衔武当武术。

赵剑英具体经历在前文简介中有详细叙述，此处不赘述。

**4.发扬武当拳实战阶段（标志性人物覃献平）**

2011年1月6日赵剑英仙逝，时年56岁的三子覃献平作为衣钵传人，接任武当龙门派武当太乙五行拳第十九代掌门，推动了武当太乙五行拳实战格斗的发展。

覃献平，男，1955年出生，湖北省丹江口市人，武当太乙五行拳十九代衣钵传人，湖北省省级非物质文化遗产武当武术代表性传承人。其母赵剑英系国家级非遗项目武当武术代表性传承人、武当山道教武术总教练，其父覃辉抗战时期曾任李宗仁第五战区随行副官、解放战争时期任中国人民解放军滇桂黔边区纵队桂西指挥部十支队参谋长。将门之后、厚积薄发，覃献平现任中国武当武术协会副主席、十堰市武当太乙五行文化研究会会长、丹江口市武术协会主席、丹江口市国家级非物质文化遗产武当武术传承基地总负责人。

1981年，赵剑英力邀金子弢还拳武当之际，覃献平便跟随母亲一道向金子弢前辈习拳悟道，并专司金子弢在武当山和均县的起居饮食，期间得金子弢真传。

1986年，覃献平出任湖北省原郧阳地区摔跤队主教练。为中国武术和摔跤领域培养出多名健将级运动员，个人在湖北省八运会、九运会中被郧阳地区行署评为优秀教练员。

1987年，覃献平毕业于武汉体育学院摔跤柔道教练员研修班。先后由形意门马礼堂大师高徒—西安大学尚济教授传形意拳。由形意、八卦大师沙国政老师亲授武当八卦掌、武当三丰太极剑、武当八仙剑。1989年由湖北省武术挖整工作组副组长陈流沙前辈传云房太极拳。由八卦掌传人狄兆龙老师传武当史式八卦掌。覃献平博众家之长，将武当太乙五形拳、形意拳、八卦掌等武当绝学融会贯通并运用到竞技摔跤实战格斗领域，打开了将武当拳运用到实战中的可喜局面。

1994–1999年，覃献平组队连续6年蝉联湖北省青少年自由式摔跤团体冠军。1997年和1998年，湖北省体育局连续两届委派覃献平代表湖北省组队参加全国摔跤比赛，斩获金牌1枚、银牌2枚、铜牌2枚。1999年，湖北省十运会中成绩优异，覃献平被十堰市政府评为优秀教练员。2009年组队参加第七届香港国际武术节，获8金3银4铜。2014年组队参加第三届武当国际演武大会，获32金、8银、3铜、5个团体一等奖。2015年组队参加十二届全国武术之乡武术套路比赛，获集体项目一等奖、个人单项7金6银12铜佳绩。

2010年夏，覃献平联合湖北省邮政局以“武当宗师赵剑英”为主题的特大型个性化邮票在上海世博会上发行，限量3000套，作为世博会湖北馆的主要礼品馈赠国内外重要来宾。

2010年秋，覃献平陪同赵剑英组织拍摄了由中国文化部和外交部联合策划的关于我国对外使领馆的文化宣传片《功夫大师——赵剑英》，该片由“美国艾美奖”获得者王勤平导演率美国彩虹电视台摄制组拍摄制作，以“赵剑英、覃献平、覃侠、覃良伟”为轴线拍摄，介绍了国家级非物质文化遗产武当武术项目代表性传承人赵剑英为“见证武当有拳”三十多年痴迷武当武术的非凡人生。2013年，该片不仅荣获美国传播家奖纪录片荣誉奖，还在美国彩虹台和全美公共频道播放，共翻译为10国语言，播放后在美国掀起了一股中国武当功夫的热潮，让更多外国人了解了中国优秀的传统文化。

2011年，覃献平任十堰市武当太乙五行文化研究会会长，经湖北省文化厅审批，研究会成为武当太乙五行拳省级非遗项目的保护单位。

2012年始，覃献平组织投建丹江口市国家级非物质文化遗产武当武术传承基地，项目占地面积1.55公顷，全力打造武当武术产业综合体。俄罗斯、加拿大、意大利、德国、匈牙利、波兰、新加坡、韩国及国内武术人士慕名而来拜师学艺，其弟子在俄罗斯、加拿大、匈牙利已设立传承基地分中心，嫡传弟子及再传弟子逾万人。

2012年9月，因覃献平对武当武术传承贡献突出，被湖北省文化厅命名为湖北省省级非物质文化遗产武当武术代表性传承人。

2014年，覃献平被丹江口市文体局特聘为丹江口市非物质文化遗产保护项目专家委员会评审专家。同年10月，被第三届武当国际演武大会授予“中华武术优秀传承人”荣誉。

2015年，覃献平负责的武术传承基地被湖北省文化厅评为湖北省非物质文化遗产传承示范基地。

2016年，覃献平主抓的武当太乙五行拳传承保护行动被湖北省文化厅授予“第二届湖北省十佳非遗保护行动称号”。

2017年，覃献平出任丹江口市武术协会主席，并被十堰市政府评为十堰市优秀非遗代表性传承人，丹江口市国家级非物质文化遗产武当武术传承基地被评为十堰市非遗保护先进集体。

2018年，应第十三届全国政协常委、民族和宗教委员会副主任、中国道教协会会长、武当山道协会长李光富邀请，覃献平正式担任十堰市张三丰历史文化研究会顾问。

覃献平铭记母亲赵剑英“发扬光大武当太乙五行拳”的遗训，遵循“勤恒义和”的门训，率同门师兄弟及弟子们同心同德，为宣传弘扬光大武当武术做出积极努力。

## （二）发源地及分布区域

武当太乙五行拳的发源地武当山，又名太和山，在湖北西北部十堰市境内，位于汉江上游南岸,为道教圣地，世界文化遗产，全国重点文物保护单位，国家一级重点风景名胜区。武当山的山体地质和区域峰林地貌与气候垂直变化，植物、动物、冰川遗迹等融为一体，形成绚丽的自然景观，主峰天柱峰海拔1612.1米，景区面积312平方千米，位于东经110° 57＇～110° 14＇，北纬32° 23＇～32° 33＇。东为襄阳市，南依神农架林区，西通十堰市，北临丹江口水库。武当山作为道教名山以其神奇的人文景观和独特的自然风貌被列为国家级风景名胜区。

武当太乙五行拳以道教名山武当山为核心向四周扩散，主要分布在湖北、河南、陕西、河北、四川、北京、广东、广西、云南、台湾一带，练习者遍布海内外，俄罗斯、加拿大、美国、德国、意大利、波兰、匈牙利、新加坡、墨西哥等都有武当太乙五行拳练习者的足迹。

附件

# 湖北省省级非物质文化遗产保护项目 武当太乙五行拳传承推广专题报告

十堰市武当太乙五行文化研究会

近年来，在各级党委政府和主管部门的坚强领导下，十堰市武当太乙五行文化研究会作为武当太乙五行拳的项目保护单位，围绕该拳种的传承和推广，重点投资建设丹江口市国家级非遗武当武术传承基地，逐步打造了一个初具规模的综合传承平台、建设了一支具有梯队抵补能力的传承骨干队伍、完善了一套集理论研究和教学实务相结合的传承体系、形成一套非遗武当武术传承的工作机制，并以武当太乙五行拳为代表性拳种带动了武当武术的全面推广，扩大了武当太乙五行拳国内外的影响力、初步激活了海外市场，传承工作取得实效。现将具体情况汇报如下：

## 一、项目保护单位概况

十堰市武当太乙五行文化研究会，由国家级非物质文化遗产武当武术代表性传承人赵剑英于2010年发起创办，现为十堰市武术协会、丹江口市武术协会、丹江口市国家级非物质文化遗产武当武术传承基地、武当剑英国术馆的大型武当武术教学养生基地，是武汉体育学院武术学院非遗实习联系点、湖北省体育运动学校重竞技中心训练基地、汉江师范学院（原郧阳师范学院）体育系武术文化教学基地。机构下设室外训练馆2个、标准化室内多功能训练馆2个、武术教学站点13个，斥资3870.39万元在建1.55公顷大型非遗武当武术传承基地1个，采取自筹资金与争取国家专项资金、地方配套扶持的方式筹措建设资金，项目是集大型演艺、传承、教学、交流、商务为一体的综合性武术传承机构。2013年10月，研究会作为项目保护单位成功将武当太乙五行拳申报为湖北省省级非物质文化遗产项目。2015年2月，研究会被省文化厅评为湖北省非物质文化遗产传承示范基地，主抓的“武当太乙五行拳2015传承保护专项行动”被省文化厅评为全省十佳非遗保护行动，受到各级表彰。

## 二、主要做法

### （一）领导高度重视，打造有战斗力和执行力的团队

会长覃献平先生继承母亲（国家级非物质文化遗产武当武术代表性传承人赵剑英）的衣钵，为武当龙门派掌门人。目前身兼中国武当武术协会副主席、丹江口市国家级非物质文化遗产武当武术传承基地负责人、丹江口市武术协会主席。作为省级非遗武当武术代表性传承人，他对非遗传承工作高度重视，在人、财、物等方面大力扶持。他主导下的核心班子分工协作明确、各司其职，在业务版块上形成“抓队伍、抓赛事、抓传承、抓研究、抓宣传”五管齐下的工作格局，进一步强化了机构造血功能。尤其在面临当前丹江口市国家级非遗武当武术传承基地存在的资金投入大但回报周期长、传承队伍打造与人才流失等突出问题，确定了轻资本运营思路，在基建重资产项目推进的同时，把业务工作的重心转到非遗武当武术团队建设、传承骨干培养、完善教学质量体系的轨道上来，进一步强化了团队的战斗力和执行力。

### （二）高规格、大投入，打造非遗武当武术传承基地

在筹建中的武当武术传承基地以武当山元天净乐宫为背景，打造国内首个非物质文化遗产项目大型武当武术传承基地。项目总用地面积15589.64平方米，拟建设国内首个非物质文化遗产项目大型武当武术传承基地，总建筑面积5930平方米。

1.主要技术经济指标

| 序号 | 名 称 | 单位 | 数量 | 备注 |
|---|---|---|---|---|
| 1 | 总用地面积 | $m^2$ | 15589.64 | |
| 2 | 总建筑面积 | $m^2$ | 5930 | |
| 3 | 建筑密度 | % | 31.4 | |
| 4 | 容积率 | — | 0.68 | |
| 5 | 绿地率 | % | 35 | |
| 6 | 地面停车 | 个 | 35 | |

2.项目资金及筹措

项目预算总投资人民币3870.39万元。采取自筹资金与争取国家专项资金、地方配套扶持的方式筹措建设资金。

3.建设期

24个月，目前已启动筹建。

4.建设内容和目标

建设的重要目标之一就是要培养高端复合型武当武术传承人。精心打造正宗品味武当武术文化科研、教学传承基地，加大对武当武术代表性传承人所在国家级非物质文化遗产武当武术传承基地的包装与升级，提升对外形象和接待、展演、传承能力，定期进行国内外教学传承，把武当武术推向世界。

### （三）以“人才战略”为核心，组织开展传承骨干培养工程

构建“精英——社群——公益”三个梯队互补格局，既有效保障了传承人队伍，又扩大了传承版图，提高了拳种传承的生命力。

1.传承骨干培养工程

研究会依托国家级非遗保护项目武当武术、省级非遗保护项目武当太乙五行拳，以非遗武术传承基地和武术协会为载体，共吸纳省级非遗武当武术代表性传承人2人、省级非遗武当太乙五行拳代表性传承人1人、十堰市市级非遗武当太乙五行拳代表性传承人2人、武当山武术传承人11人、欧洲武术联合会(传承人)17人。其中，30%的人员能够熟练地用英语开展传承教学工作。这批高水准、高素质的传承人队伍，每年定期开展夏季、冬季武术教练员资格认证培训、武术运动员专业培训班、高端定制培训。主要用于专业化高端传承，确保原汁原味、更好地展现武当文化。研究会按照“精英定向传承、社会普及传承、公益

传承”三个大方向推进工作，逐步形成“精英—社群—公益”三个梯队互补格局，有效保障了传承人队伍。从2015年至2017年，研究会共开展了13期传承骨干培训班，分别是武当太乙五行拳教练员等级资格认证培训班、武术中段位培训班、实战对抗培训班，培养了嫡系传承人约300余人，再传弟子逾万人，培训完成后已经先后奔赴德国、俄罗斯、匈牙利、老挝等国家以及湖北、湖南、广东、广西、天津等地开展武术传承工作，拓展传承外延。人才战略和市场化推广，使武当太乙五行拳的传承初步形成了以“十堰、丹江口、武当山”地区为核心，“稳一、求二、生四、派八”的对外推广模式，即一是稳住一个根据地市场：湖北的丹江、十堰基地；二是做好两个重点市场：武汉、西安；三是扩大四个潜力市场：北京、上海、广州、郑州；四是激活海外市场。

2.夯实社会传承基础，形成传承人梯队格局

（1）“精英定向传承”，在专业深度上下功夫。针对各地对口服务的武术协会、武术馆校、武术培训机构外派传承人，开展订单式传承培训。每年定期开展夏季、冬季公益武术教练员、武术运动员交流培训班，累计69期公益班。每年定期开展全国武术巡演2期，累计33期。每年定期开展少儿武术教练员培训班3期，累计91期。并于2016年开始承接外省教练员培训班。2017年7至10月，承接武汉、广州、长沙等地武术教练员专修培训任务，将武当太乙五行拳和武当武术传承培训工作外延扩展。

（2）“社会普及传承”，在社会群众推广上下功夫。按照“武当武术进社区、进机关、进校园”工作思路，注重拳种的社会推广和群众体育传承。2015年8月份，在“2015全国摩托艇联赛”中组织排练了“梦幻武当”千人武当太极活动，参与演练拳法的群众有两千余人。2015年第四届武当国际演武大会期间，组织策划“中国水都·万人演武”活动，排练“武当炫武”、“梦回均州”等武术节目在开幕式上表演，参与群众万余人。2016年对全市市直机关共计700多名机关干部开展为期两月的武当太乙五行拳培训。2017年，经报请市政府同意，分管副市长作出批示，由研究会联合丹江口市国家级非遗武当武术传承基地编撰一套教学课程，于2018年正式在我市所有的中小学和市直机关进行推广。社会普及传承，进一步扩大了武当太乙五行拳的社会影响力，同时也打造了具有非遗文化亮点的地区性中小学特色教育体系。

（3）“社会公益传承”，在提高公众参与度上下功夫。一是对研究会下

辖的13个武术教学站点，每天早晨6:00−7:00对所有人开展义务传承，免费教学；二是支持道协庙会活动，2011年至今累计开展"三月三庙会"武当武术专场表演35场次，既展现了道教文化的魅力，也体现了非物质文化遗产的普世价值；三是每年组织1次"武当武术进特校启动仪式暨爱心义演活动"，累计7次在丹江口市特殊教育学校向特殊儿童展示武当武术，激发特殊儿童通过习武强身、磨练意志，取得了很好的社会反响。

### （四）完善教学体系，出版系列武术丛书和教学片

一是围绕国家级非物质文化遗产武当武术代表性传承人赵剑英的毕生绝学，整理史料和视频资料，原汁原味展现正宗武当太乙五行拳、武当三丰太极剑，一拳一剑将分别收录在《中华武术大观——赵剑英专辑》、《武当武术大典》丛书中，该书将于2018年由湖北科学技术出版社出版发行，届时将在全国新华书店和各类武术培训学校中推广，出版后将作为武当武术传承基地的教科书使用。对于规范武术教学和传承正宗武当武术有着积极的作用。

二是组织代表性传承人5人、拍摄团队4人，拍摄《武当太乙五行拳实战格斗》系列教学片和宣传片，重点拆招解招、注重拳法实战，进一步丰富了教学内容。

截至目前，研究会已经收录金子弢编著的《武当太乙五行拳》、赵剑英编著的《武当太乙五行拳》（中英文）、《武当太乙五行拳实战格斗》教学片、《武当太乙五行拳功理功法》《九宫旋转十二桩法》《武当养生预备功》等，围绕该拳种初步形成了较为完备的教学体系。

### （五）多措并举，提升拳种多领域影响力和正宗地位

一是加强竞技体育专业赛事，提升拳术专业影响力。据不完全统计，门派弟子胡立清在第三届世界传统武术节中获八卦掌亚军；胡晓玲在第四届世界传统武术节中获剑术冠军；覃侠组队参加第七届香港国际武术节，获得8金3银4铜的佳绩，其中6人获得段位资格认证；2014年第三届武当国际演武大会，研究会组队参赛73人，获得32金、8银、3铜、5个团体一等奖；2015年9月组队参加第五届中国四川峨眉武术节暨第十二届全国武术之乡武术套路比赛，获得了6金5银3铜及团体一等奖的好成绩；2015年11月，组队参加2015年全国武术太

极拳公开赛总决赛暨全国传统武术精英赛，获得1金2银2铜的好成绩；2017年11月，组队赴武术之乡广东省佛山市参加全国武术传统比赛，荣获10金4银1铜团体一等奖的好成绩。竞赛表演项目和拳种均以推广武当太乙五行拳及配套系列拳种为核心，有效地推动了该拳种在专业领域的影响力。

二是加强理论研究和研讨，扩大学术影响力。2007年，在中国武当武术战略发展研讨会上，覃献平论文《武当武术产业化道路初探》荣获金奖，并应邀名家讲坛专题宣讲了《武当太乙五行拳与现代竞技格斗》；2008年，其论文《关于丹江口市武当武术产业化发展的调研报告》荣获政协优秀提案奖；2009年，其论文《关于开发我市武当武术资源、打造非物质文化遗产名城》被丹江口市政协评为优秀提案奖；2014年，论文《太乙五行拳的传承与创新》被第三届武当国际演武大会评为优秀论文；2016年4至9月，覃献平携覃侠、吴三敏在武当山参加武当武术标准化预审会议，全程参加武当标准化套路"一拳一剑一功"的套路动作编排工作、比赛规则等，在规范武当武术标准化道路上具有里程碑意义。

三是配合主管部门，全力支持非遗国家数据库项目录入工作，明确武当太乙五行拳的正宗地位。2016年，配合上海体育大学完善武术博物馆筹建工作，录入武当太乙五行拳和国家级非物质文化遗产武当武术代表性传承人赵剑英数据工作；2017年5月，配合国家体育总局非物质文化遗产国家数据库录入工作，接待了中国体育非物质文化遗产专业委员会主任、国家体育总局非物质文化遗产专家组核心成员陈小蓉教授一行；2017年8月，配合十堰市非遗保护中心组织开展的国家文化部非遗数据库武当太乙五行拳数据采集工作。由省级传承人覃献平亲自演练，对武当太乙五行拳拳架、定势及实战对抗进行了全方位采集。

四是注重地域宣传和文史中非遗符号保护工作。2017年6月，按照丹江口市市委宣传部的安排，配合CCTV科教频道《中国影像方志》栏目摄制组，将武当太乙五行拳作为地方符号标志，用于宣传推广丹江口市的非遗文化。同年，由湖北人民出版社出版，牛孝文主编的《十堰记忆——非物质文化遗产第一卷》，将国家级非物质文化遗产武当武术代表性传承人赵剑英和武当太乙五行拳载入史册；在丹江口市地方志中，《丹江口市文史资料非物质文化遗产专辑》将武当太乙五行拳录入专辑，作为地域宣传符号。

**（六）强化对外文化交流，激活海外推广传承市场**

自2013年起，研究会就在国外市场进行了探索。按照国家文化推广战略，确定方向，逐步加强了国外精准投放、强化了对外武术传承和非遗文化传播。2013年组队赴韩国、日本进行武术交流，2014年至今每年赴俄罗斯莫斯科进行为期3月的武术教学传承工作。2017年赴美国、德国、俄罗斯、匈牙利、老挝等开展武术传承教学工作。

2017年7月，由我研究会选拔推送、经十堰非遗保护中心和省非遗保护中心审定的传承人覃侠代表中国赴德国柏林参加了“感知中国长江边的非遗故事——湖北省非物质文化遗产展演”。

2018年2月，由湖北省非物质文化遗产保护中心选送的武当武术、汉绣、面塑、武汉杖头木偶戏四个项目的传承人在名为“文化寻力——中国春节集会”的活动中，为美国民众带去了一场中国传统民俗的饕餮盛宴。研究会秘书长覃侠作为传承人从2月7日开始，分别在美国的加利福尼亚、弗吉尼亚、北卡罗来纳、伊利诺伊四个州，共计32站，传承武当武术、推广湖北非遗，传播中国文化。央视新闻频道在2月19日的新闻联播和晚间新闻栏目专门报道了此次活动，并采访了武当武术传承人覃侠。湖北省非遗中心2018年2月27日以“湖北非遗在美国过春节”为题进行了专题报道。

通过多年的推广和传承，武当太乙五行拳初步形成了以“武当山、丹江口市、十堰市”为核心向四周辐射的格局，主要分布在湖北、山东、河南、陕西、河北、四川、北京、天津、广东、广西、云南一带，练习者逾百万计，传承者亦遍布海内外，俄罗斯、加拿大、美国、德国、意大利、波兰、匈牙利、新加坡、墨西哥、东南亚以及中国台港澳地区等都有武当太乙五行拳练习者的足迹。

2018年3月

备注：此篇报告是应湖北省非物质文化遗产保护中心要求，会长覃献平先生在全省非物质文化遗产传承推广经验分享会上做专题报告时的部分节选内容。

## （三）武当龙门派太乙五行拳嫡传谱系及代表性传承人

武当龙门派太乙五行拳嫡传谱系及代表性传承人：

祖师张三丰
↓
第八代传人张守性
↓
第九代传人詹太林
↓
第十代传人陈清觉
↓
十一代传人刘一明
↓
十二代传人何阳春
↓
十三代传人杨来旺
↓
十四代传人王复渺
↓
十五代传人徐本善
↓（分支：郑合玉；十六代传人李合林；水合一、冷合斌、段合烟、梁合启、胡合贞）

郑合玉 → 王教化 → 王光德

十六代传人李合林
↓
十七代传人金子弢
↓（分支：十八代传人赵剑英；杨群力）

十八代传人赵剑英（→ 王光德）
↓（分支：简元章；张襄武；第十九代传人覃献平；尚儒彪；黄淑华）

第十九代传人覃献平
↓
二十代代表性传人：覃侠、覃良伟、覃力、覃良俊、于黧、吴三敏、明廷飞、付翔

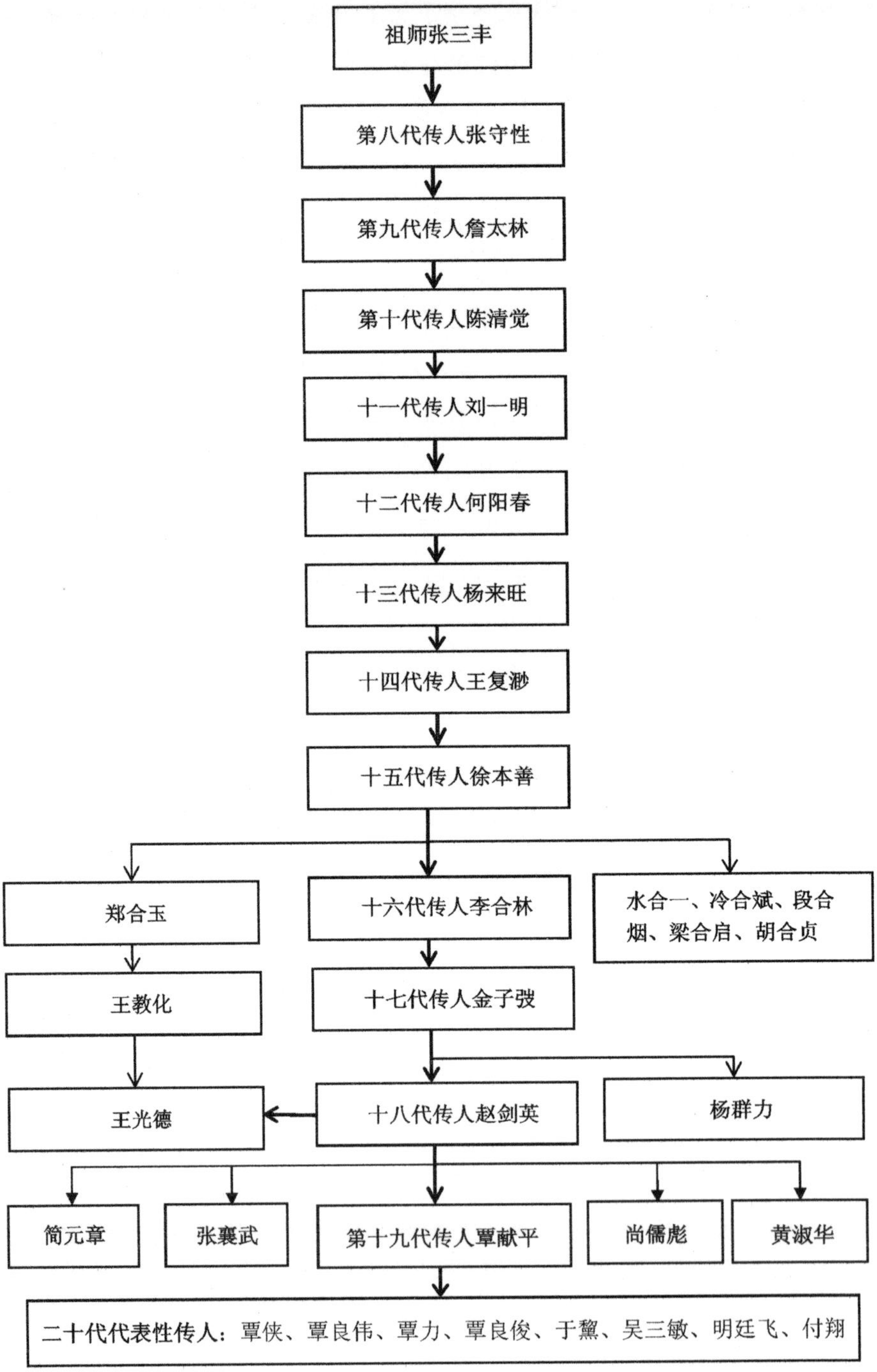

**赵剑英嫡系主脉代表性弟子名录（以下按姓氏笔画为序）**

第十九代代表性弟子（以下按姓氏笔画为序）：

马丹良、马安全、马群、王文贤、王爱群、王朝珠、邓荣、卢世强、吕红霖、朱炳香、刘代荣、刘建军、李莉、吴俊化、张正义、张均清、张连生、张勇、张福生、张燕、张襄武、陈志刚、陈志新、陈凯、尚儒彪、易梅、胡立清、胡晓玲、柳桂荣、钟政、钟敏、段贤贵、徐超、徐雁初、高飞、郭连萍、席连久、唐华英、黄其彬、黄淑华、梁庆平、彭玉芳、董玉丹、董红梅、覃献平、曾文华、雷子杰、简元章、简玉英、蔡贤忠、潘广宁、潘言语、魏玉兰。

国外具有一定代表性的第十九代弟子名册：加拿大蒙特利尔加必晓、加拿大多伦多Jonashan、美国DONALD HYUN K KIOLBASSA、美国洛杉矶Diana Chong、法国Aostin Rrodhomme、意大利张学功、波兰安娜、俄罗斯莫斯科RNA、澳大利亚Knis Eberius 、新加坡陈文德、邱建华、姚铭佩，马来西亚周树生、王碧珠，南非Liane Wadman、Ruan GREG、Jan-burger van wgk、Guan-Guan Muller,波罗黎各Jonafhan Riveva。

第二十代代表性弟子（以下按姓氏笔画为序）：

于黧、马世贵、马军、马红、马国勇、王飞、王文斌、王优、王娜、王新军、仇富强、孔德新、厉国富、卢功涛、田伟波、付超、付翔、白新华、朱贤怀、任怀生、任金虎、刘可谱、刘伟、刘自忠、刘合一、刘宏伟、刘春波、刘艳峰、孙飞（小）、孙飞、孙坤、孙凯、李飞、李红生、李利锋、李良川、李杰、李波、李荣军、李康、李瑞、李新华、杨坤、吴三敏、吴丰生、吴年华、吴波、余刚、况怀玉、汪斌、宋丽、余明、张天俊、张龙、张召、张军、张坤、张虎、张波、张涛、张正阳、张浩宇、陈文涛、陈龙、陈传波、陈星、陈恒富、陈超、林秋晨、明廷飞、赵勇、瓮小芳、胡光超、胡建生、胡超、柳正义、洪建修、祝涛、姚海涛、贺国龙、钱成倍、徐济洲、曹波、曹斌、曾轩、彭朝军、蒋兴红、覃力、覃良伟、覃良俊、覃侠、温洋、梅宝、游小武、蔡友明、潘如庆、潘科迪、薛宗强、戴炳虎、戴炳雷、魏溪。

第二十代国外弟子和第二十一代门派弟子数量较大，因篇幅所限不在此一一罗列，均以门派核发的拜师贴为准。

需要说明的是，此次编撰因时间仓促，难免有疏漏之处。此书为赵剑英老师专辑且篇幅所限，故在谱系中仅列出赵剑英嫡系主脉代表性弟子。若需了解详情和有入谱事由，请同编委会覃先生联系，以便于完善谱系。（微信号：newqlw8413 邮箱:55971330@qq.com）

## （四）武当太乙五行拳的传承与发展

武当太乙五行拳是武当武术的核心拳种，由武当龙门派第八代宗师张守性在“太极十三式”基础上创“擒扑二十三式”演变而来，经第十六代宗师李合林外传俗家十七代传人爱新觉罗·溥寰(汉名金子弢)而发扬光大、广传于世。其后，又经第十八代宗师赵剑英（国家级非物质文化遗产武当武术代表性传承人）等嫡系传人的大力推广和传承，具有一定的社会认知度。现在此拳习练者甚多，国内广泛分布在北京、天津、河北、湖北、河南、陕西、山东、山西、江苏、浙江、云南、广东及中国台港澳地区；国外主要分布在加拿大、美国、俄罗斯、德国、意大利、匈牙利、波兰、墨西哥、新加坡和日本等。2013年，此拳被列为湖北省级非物质文化遗产项目名录，确立了这一品牌拳术的权威地位。学习、研究、传承这一宝贵的非遗拳种，是我们每一个传承人义不容辞的责任。如何将这一正宗功法原汁原味保留、传承和发展，是一个严肃而值得探讨的课题。

纵观中华武术的发展史，随着时间的推移和习练者的参悟，门派拳种或多或少会在原有基础上派生出新的分支和创新，这是事物发展的一个规律。但是，我们也不得不面对另一个现实，即：个别拳家习练未熟，擅自改编、随心所欲，反而认为自成一统、别具一格，但又恐师出无名而自称传承创新，进而继续“傍着名牌、打着歪拳”，笔者实在不敢苟同。要明白，作为非物质文化遗产的太乙五行拳不是不容许创新，而是要在深入学习研究的情况下，在融会贯通其原理与内涵的情况下，在原汁原味扎扎实实的传承基础上，才谈得上继承发展。

### 1.当前要务是深入研究、系统传承这一非遗拳种

拳道合一是武当道家功夫的至高境界。而太乙五行拳正是“拳道合一”的上佳演绎。只懂拳术不明道理，或者只晓其道不懂其拳，都会在传承这一非遗拳种的过程中有所偏废。为了更好地挖掘整理，系统传承这一非遗拳种，按照国家级非遗项目武当武术代表性传承人、武当太乙五行拳第十八代宗师赵剑英的生前遗愿，笔者于2011年发起成立了十堰市武当太乙五行文化研究会。通过金子弢、赵剑英等前辈的毕生研究与该研究会目前的研究成果看，我们对太乙

五行拳之所以会成为非遗拳种至少有了一个窥斑见豹的认识。

其一，把握其特点，才能更好地传承这一非遗拳种。

目前的研究成果表明，太乙五行拳主要有五大特点：一是以道家学说为拳术指导原理；二是养生与技击的有机结合；三是依循九宫走圆化柔；四是动中求静，静中求动；五是擒拿封闭的技击特色。

作为与太极拳同一流派的内家拳术，太乙五行拳与其他太极拳比较，有异有同，同中有异，异中有同。初看起来，它也讲阴阳相生相克、虚实变化、动静相宜、刚柔相济、养生与技击相辅相成，但细研起来，其同中之异却大有讲究。

（1）从原理上看，太乙五行拳的拳理更注重以阴阳八卦五行的道家学说为指导思想。它对太极之母的阴阳学说作了深入的诠释，认为宇宙间的一切事物都由木、火、土、金、水五种物质运动变化构成。这五种物质既相互滋育，又相互制约，其相生相克的关系不断运动变化，循环无尽，往复无穷。而五行与自然界的方位、人体脏腑又具有相对应的关系。太乙五行拳正是侧重以五行学说而创建的武功。“心息相依，任其自然”是演练该拳的总纲，体现了道家“天人合一”的观点，也是道家的目的。“以静制动，以柔克刚”是此拳技击法则，也是道家养身防御的处世方式。

在养生方面，它依其五行相生相克之数，调节阴阳平衡。并结合“五禽戏”中的象形动作，猿形壮肾，鹿形壮脾，虎形壮肺，熊形壮肝，鹤形壮心。在技击方面，又体现为五行相克之数，强调阴柔克阳刚。从内涵到形式处处都突出了五行学说的特点。譬如，太乙五行拳起势中定为土，五行中土有生化万物之灵性，而脾属土，脾又为生化之源，象征生命起源。脾之生化万物需心（火）温热之，面向南，脾得以火温热而生化水谷之糟微。继而向东，东属木（肝），以木助火（肝藏血济心），火太盛则伤脾，又由南转向西，金克木以止火旺（肺气靖可抑制肝阳上亢）。以此类推，循环往复整套拳势，尽其相生相克之数。而在技击上，集中体现出五行的相克关系。按此理依次编排技击动作，如“双峰拜日，白猿出洞”等招势向南破对手双风贯耳，擒拿后转向西扑敌于地（火克金）。“豹子含美，仰颈惊林”一式，面北擒敌腕于自己颈部，抬肘摆向右转扑敌于南（水克火）。纵观此拳23式，招招按此法排列推绎。养身与技击达到了高度的契合，从中可以明了，太乙五行拳的演练路线始终紧扣五行相生相克之理，在八卦九宫中井井有序地运行。

正如先贤论太极：“而每着之中，五官百骸顺其自然之势，而阴阳五行之气运乎其中。”“然气非理无以宰，而理非气无以行。故理与所气不相离而相附，此太极根无极者然也。”

阴阳五行学说，是中国古典哲学的源头。知晓其理，不仅对我们传承中华文明有所补益，更是在中国医学领域发挥的作用至今仍是有目共睹的。实践证明，太乙五行拳的开合变化，运动五官百骸的方式方法对人体健康都是十分有益的。明了它运行的原理，才会使我们更好地传承这一非遗拳种。

（2）从拳术上看，太乙五行拳的整套拳路依循着阴阳五行玄妙而严谨的运行规范。从拳路格局来看，讲究“穿行九宫、不入中宫、斡旋八方、四方四隅”，行拳路数走“四方四隅”，即：“坎、震，离、兑”四方，“乾、艮、巽，坤”四隅，共八个方位。太乙五行拳从动作编排和动作路线上，紧扣五行之理，按照太乙宫位走方位，穿行于九宫之中，在阴阳转化和四方四隅中形成武当太乙五行拳独特的“穿行九宫、不入中宫”的格局。

从拳势来看，它处处走圆化柔，无楞无角，不见拙力。上体颇像太极拳，但比太极拳拘谨些，绝对强调腰随胯转，肩胯相对。下体则像八卦掌，却没有八卦掌开步大。“柔似蚕作茧，形似蛇之行”是其特色。手是环抱式，脚走括弧式，腰随胯转，肩胯相对，在方丈之地行云流水，劲势无穷，畅流不息。

从拳架开合和拳术劲路看，它属于小架子拳，可“拳打卧牛之地、脚踢丈二方圆。”劲起于涌泉，发于胯腰，至肩臂而达手梢。强调大幅度转展胯关节，致使下肢根基稳健。虽说整套拳术打下来不过方丈之地，却似行云流水，劲势无穷，飘飘欲仙的道家风貌尽在其中。

从调息法来分析，该拳以意为主，尚意不尚力，强调以意念导引人体内外之行动，是典型的动中求静的修炼方式。

从技击角度看，其攻防价值以前在相当长的时间内被淡化，通过实战和竞训，我们认为“辨位于尺寸毫厘，制敌于擒扑封闭”是其特色，其点扣穴位之术，堪称擒扑一绝，非一般拳术所有。

其二，挖掘整理其遗产，方能原本而完整地继承这一非遗拳种。

经过历代传人的不懈努力，我们终于揭开了作为道家龙门派上乘武功的武当太乙五行拳的神秘面纱，并在研究与推广方面取得了阶段性成果。但由于多种原因，我们对这一非遗拳种的研究还不够深入，不够系统完整，亟需在以下方面补充完善提高：

（1）挖掘其内涵，还原其外延，提高研究这一非遗拳种原本性与完整性。由于历史秘传的原因，我们对其武功的原本性和完整性认识是不足的。简略梳理一下武当太乙五行拳传承延续的脉络，便可知保留这一非遗拳种的珍贵与难得。

武当太乙五行拳原名“武当太乙五行擒扑二十三式”,由明朝弘治年间武当山道教龙门派第八代宗师张守性，以祖师张三丰太极十三式为依据，融合汉末名医华佗的健身“五禽戏”及道门传统的吐纳导引和技击创新而成。由此而至清末民初，此门功夫一直秘传于龙门派掌门人中，其间四百多年未泄民野。这主要是因为道门阶层等级森严，作为道教龙门派上乘武功的武当太乙五行拳，历代被奉为看家本领，只传于层次较高的道士，一般道人无缘问津，而世人更无从知晓了。

由于历史的机缘与时代的变革，此功夫的秘传之规才有了改观。其门规初变于第十六代龙门派传人李合林道长之手。他被俗家弟子金子弢诚心所感动，破例将其收为门徒。金先生方获得此门功夫，并悟得其真谛。其门规之大破于改革开放之初。1980年在山西太原的全国武术观摩大会上，时近晚年的金老痛感武当内家武术濒临湮没的绝境，出于对民族宝贵文化遗产的珍惜之情，在会上公演了奇异而精彩的武当太乙五行拳。这是该拳种首次公之于世，由此也打破了社会上“武当无拳”的谬论。同时，金老本着“还拳于武当”的心愿，破例将当时湖北代表队的赵剑英收为嫡传弟子，并将太乙五行拳的拳功义理倾囊相授。此后，赵剑英谨遵师命，与师兄弟携手带领子孙及弟子，经过三十多年研习、推广，才开创了这一非遗拳种的中兴局面。

然而，随着金子弢、赵剑英等武林前辈的相继谢世，他们生前虽然对太乙五行拳的传承作了巨大贡献，但毕竟还有许多未了的心愿，还有许多对此拳种的拳功义理的真切感悟来不及整理，而成为他们临终前的遗憾。由此追溯于他们之前的那段长久的秘传历史，尽管以口传心授的方式为我们保留了这一珍贵的非遗拳种，但毕竟著书立说的方式难得一见。这些历史的缺憾，都有待于我们及后人来弥补。国家为什么要对非遗项目及其代表性传承人进行抢救性的挖掘整理，就是为了不再让其成为社会与时代的遗憾。责任感与使命感催促我们要对这遗留的高端拳种，进行深挖细掘，从内涵到外延，从拳功到义理，最大限度地还原于这一武当内家武功的古朴原貌，唯如此，才能原原本本、完完整整地传承好这一非遗拳种。

（2）加强“拳道合一”的综合研究，提高研究这一非遗拳种的系统性。太乙五行拳是“拳道合一”集大成者。在传承的过程中，时下有不少人偏重其拳功的研习而轻视或忽略对其道理的研究，更有甚者，在不明“拳道合一”的原理情况下，就将此拳种的招式与方位擅自改动，这些有悖于前辈的教导与非遗拳种的传承之道。鉴于传承水平良莠不齐、教学水平参差不齐的现状，十堰市武当太乙五行文化研究会立足本职，倡导“传承原汁原味、习练踏踏实实”的传承理念，致力于研究拳法与义理，撰写研习实践体会，发表了多篇具有指导意义的论文，其阶段性的研究成果引起了国内外的广泛重视，也助推了这一非遗拳种的中兴之举。然而这些研究成果与社会的期望和传承发展的要求相比还有一定差距，主要表现在对武当太乙五行拳的理论研究上还缺乏系统性。这都有待于我们去拾遗补缺，以有利于这一非遗拳种在传承中的普及与提高。

**2.在原汁原味传承的基础上，创新其推广的方式与方法**

创新是社会进步的助推器，也是武术发展的动力源。作为非遗拳种的武当太乙五行拳能不能在传承过程中有所创新有所发展？回答当然是肯定的。然而如何创新如何发展，却值得斟酌。

首先，原汁原味地继承这一非遗拳种是不可变动的前提。众所周知，武当太乙五行拳本身就是武林高手与道门高人集合而成的高端武术的创新成果，并经过十几代传人的补充完善，才得以保留这一珍贵的武林文化遗产。其拳术虽然只有二十三式，所蕴涵的内容与营养却博大精深。且不谈我们未知未掘的史料部分，仅就我们目前掌握的情况分析，就足以让我们去深入研究，好好消化。譬如，如何从中国哲学的层面，去解析阴阳五行学说的拳理；如何从养身健体层面去系统解析习练此拳的运动效果；如何从现代科学的层面去破析这一古典拳种的拳功与义理等。做好这些基础性、系统性的研究工作，其前提就是保留这一非遗拳种的古朴风貌，才能原生态地做好普及与推广的传承工作。这就像古典建筑的修缮、古典书画的装饰一样，只能“修旧如旧”保持原貌，违反此原则，就会造成大破坏、大贬值。

其次，在保持原貌的基础上，可创新其传承的方式方法。创新武当太乙五行拳传承方式与方法，我们已经做了很多工作，但还有很多工作要做。当前及今后一段时期，尤其要在两方面倾注我们更多的精力：一是要加强其传承软件与硬件设施的建设，二是要与时俱进地搞好普及与提高的培训推广。这些工作综合起来，实际上是一项浩繁的系统性的传承工程。做好了既有益于武当，也有益于社会；既有利于当代，也有利于后世。

（1）加强其传承软件与硬件设施的建设工作

在硬件设施建设方面，已取得十堰市与丹江口市两级政府的大力支持和多个民营公司的合资建设，正在倾力打造丹江口市国家级非物质文化遗产武当武术传承基地。该基地选址于武当山九宫之首的净乐宫西侧，依山面水，环境宜人。占地3.66公顷，预计总投资1.3亿元，该项目已破土动工（一期1.55公顷）。基地依循“木火土金水”五行原理，以明清道家风格为建设特色，打造集高端养生、竞技、商务、教学、影视、旅游、环保为一体的多功能大型道家武当武术传承基地。竣工运转后将产生可观的社会效益与经济效益。

在软件建设方面，该基地具有五大品牌效应：2006年，武当武术被列为首批国家级非遗名录；2007年，武当武术传承基地项目奠基人赵剑英被命名为首批国家级非遗项目武当武术代表性传承人；2012年，武当武术传承基地项目发起人覃献平被命为省级非遗项目武当武术代表性传承人；2013年9月，该基地核心拳种“武当太乙五行拳”被列为省级非物质文化遗产名录，研究会成为该拳种的项目保护单位；2015年2月，传承基地被评为湖北省非物质文化遗产传承示范基地，开展的“武当太乙五行拳2015传承保护专项行动”被评为全省十佳非遗保护行动，受到各级表彰。在该基地加紧硬件设施建设的同时，还应加紧与之配套的软件设施建设。如经营人才和教练员传承人的人才培训，太乙五行拳等武当武术的教材教法的收集整理，以及这些教材声像软件的制作，还有建立与完善宣传武当武术传承基地的（中英文）网站等。这些软件设施的建设，不仅要靠基地现有的人材，还要外聘相关方面的知名专家学者教授共同打造，才可有高质量高水准的非遗拳种的传承。

（2）做好普及与提高的培训推广工作

培训推广太乙五行拳的工作有三法可行：

一是办好初级班。对于那些初习武者而言，传授作为武当高端拳种的太乙

五行拳就显得相当难学。我们可采取化难为易的方法进行培训。可借鉴一些行之有效的武术普及范例，将太乙五行拳中带有基础性的招势简编为精要式,使其易学易懂，更有益于身心健康。

二是办好中级班。对于那些习武健身养身爱好者，可将太乙五行拳基本拳功与义理教习之，特别是将这一拳种在养身方面的作用可在培训中侧重推广，以吸引更多期望强身健体的人群参与其中，助推这一拳种在全民健身运动中发挥正能量作用。

三是办好高级班。主要培训传承这一拳种的教练员。聘请相关方面的知名专家学者教授为导师，编写高级教材，不仅在养身与擒扑方面言传心授，更在拳道合一方面予以系统的理论指导。“知行合一”培训出来的教练员，方能在国内外胜任本色传承这一非遗拳种的重任。

**3.结语**

关于“武当太乙五行拳”这样的非遗拳种的传承发展，可谓仁者见仁，智者见智，但不论怎样，都应遵循“保护为主、抢救第一，合理利用、传承发展”的十六字方针开展工作。这是国家对非物质文化遗产保护的精神与要求，也是社会的期望，时代的重托。

# 二、武当太乙五行拳的特点

武当太乙五行拳，又名武当太乙五行擒扑二十三式，是武当武术的代表性拳种。此拳系明弘治年间（1488-1505年），由武当山道教龙门第八代宗师张守性，根据祖师张三丰“太极十三式”，并吸纳了汉末名医华佗“五禽戏”以及道门流派中吐纳、导引、技击等融炼而成。拳法以五行相生相克之理为依据，分阴阳、定五行，方丈之地演练、四方四隅，在八卦阵中千变万化，形成踩八卦、穿九宫的格局。在修生养性上讲究周身协调，阴阳平衡，融入“五禽戏”中的象形动作，猿形壮肾，鹿形壮脾，虎形壮肺，熊形壮肝，鹤形壮心，以意领行、导引经络、气贯全身。在实战格斗上讲究尚意不尚力，贵化不贵抗。身法“以胯带腰，肩胯相对，两手环抱，脚走括弧”，处处走圆化柔，腰随胯转，身法中正不偏，步带弧形运行匀缓，动静自如，动如蛇之行，柔似蚕作茧。在实战格斗中，辨位于分寸毫厘，制敌于擒扑封闭，有“拳打卧牛之地、脚踢丈二方圆”之说。

## （一）理论基础

武当太乙五行拳以古朴道学思想中朴素的辩证观——五行、八卦、九宫、太乙作为指导拳法的认识论。

### 1.以五行学说为基准创拳理

1）八卦

谈五行必言八卦，八卦代表了早期中国的哲学思想，对中医、武术、音乐、数学影响意义深远。在中国传统武术中，先天八卦图通常与太极图搭配出现。太极和无极代表中国传统信仰（儒、道）的终极本体“道”。

（1）先天八卦讲阴阳。八卦按照方位的分配有先后天的分别。先天八卦，顾名思义是先天的、自然的，是不因人的主观能动性而改变的，这是古人对现状的最朴素、最直观地认识。先天八卦图是天地自然之象的模拟图，其理论核心是阴阳学说。即乾天为阳，坤地为阴。阳气由震、离、兑而升，致乾而极；阴气由巽、坎、艮而降，致坤而极。先天八卦方位图中的矛盾对立统一的辩证思想，是八卦本着阴阳消长，顺逆交错，相反相成的宇宙生成自然之理，来预测推断世间一切事物，数不离理，理不离数。先天八卦主要是用它的数，因为在一个平衡状态下，数比较稳定、可靠。

（2）后天八卦讲方位、重五行。“先天八卦为体，后天八卦为用”，两者是一个对立统一体，是体用关系。如果说先天八卦是人们朴素的认知、感知。那么后天八卦就是使用、实践和运用，而后天八卦主要用它的“位”。后天八卦图是由先天八卦演变出来，是天地阴阳相交图。后天八卦的理论核心是五行学说。震、巽属木，离属火，坤、艮属土，兑、乾属金，坎属水。木、火、土、金、水是构成万物和人体的基本元素。后天八卦震卦为起始点，位列正东。按顺时针方向，依次为巽卦，东南；离卦，正南；坤卦，西南；兑卦，正西；乾卦，西北；坎卦，正北；艮卦，东北。

此处，将先天八卦、后天八卦进行合体比较，更能够清晰展现不同的卦位和方位，如图2–1所示：

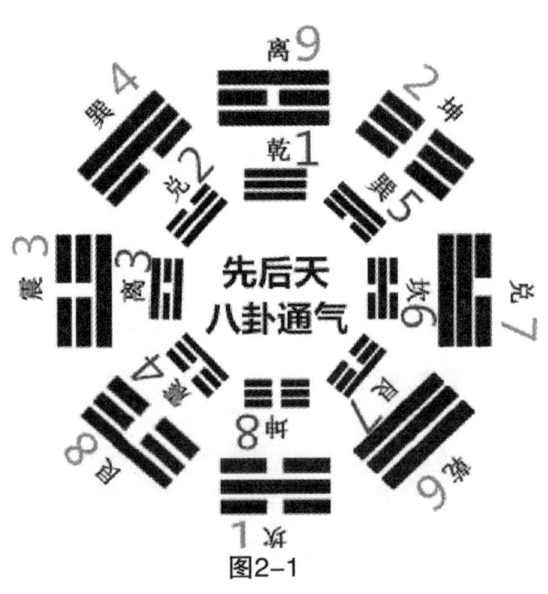

图2–1

2）五行

在后天八卦中，乾、兑为金，坤、艮为土，震、巽为木，坎为水，离为火。对应五行：

金–乾、兑　（乾为天，兑为泽）

木–震、巽　（震为雷，巽为风）

土–坤、艮　（坤为地，艮为山）

水–坎　（坎为水、月亮）

火–离　（离为火、太阳）

五行阴阳配干支八卦图（见图2–2）。

| 五行 | 木 | | 火 | | 土 | | 金 | | 水 | |
|---|---|---|---|---|---|---|---|---|---|---|
| | 阳木 | 阴木 | 阳火 | 阴火 | 阳土 | 阴土 | 阳金 | 阴金 | 阳水 | 阴水 |
| 天干 | 甲 | 乙 | 丙 | 丁 | 戊 | 己 | 庚 | 辛 | 壬 | 癸 |
| 地支 | 寅 | 卯 | 午 | 巳 | 辰戌 | 丑未 | 申 | 酉 | 子 | 亥 |
| 八卦 | 震　巽 | | 离 | | 艮　坤 | | 乾　兑 | | 坎 | |

**图2–2　阴阳五行**

武术先哲们从物质世界中抽象出木、火、土、金、水五种性能不同的物质，作为构成万物的元素，称为“五行”，五行相生次序为：木生火，火生土，土生金，金生水，水生木，循环往复。五行相克次序为：金克木，木克土，土克水，水克火，火克金，循环往复。以五行相生相克的关系，来说明事物间相互依存和相互制约的规律。

3）阴阳五行原理在武当太乙五行拳中的运用和诠释

木、火、土、金、水五种物质元素，既相互滋育，又相互制约，其相生相克的关系不断运动变化，循环无尽，往复无穷。而五行与自然界的方位、人体脏腑又具有相对应的关系。太乙五行拳正是侧重以五行学说而创建的武功。“心息相依，任其自然”是演练该拳的总纲，体现了道家“天人合一”的观点，也是道家的目的。“以静制动，以柔克刚”是此拳技击法则，也是道家养身防御的处世方式。在养生方面，它依其五行相生相克之数，调节阴阳平衡。并结合“五禽戏”中的象形动作，猿形壮肾，鹿形壮脾，虎形壮肺，熊形壮肝，鹤形壮心。在技击方面，又体现为五行相克之数，强调阴柔克阳刚。从内涵到形式处处都突出了五行学说的特点。

譬如，太乙五行拳起势中定为土，五行中土有生化万物之灵性，而脾属土，脾又为生化之源，象征生命起源。脾之生化万物需心（火）温热之，面向南，脾得以火温热而生化水谷之槽微。继而向东，东属木（肝），以木助火（肝藏血济心），火太盛则伤脾，又由南转向西，金克木以止火旺（肺气靖可抑制肝阳上亢）。以此类推，循环往复整套拳势，尽其相生相克之数。而在技击上，集中体现出五行的相克关系。按此理依次编排技击动作，如“双峰拜日，白猿出洞”等招势向南破对手双风贯耳，擒拿后转向西扑敌于地（火克金）。“豹子含美，仰颈惊林”一式，面北擒敌腕于自己颈部，抬肘摆向右转扑敌于南（水克火）。纵观此拳23式，招招按此法排列推绎。养身与技击达到了高度的契合，从中可以明了，太乙五行拳的演练路线始终紧扣五行相生相克之理，在八卦九宫中井井有序地运行。

正如先贤论太极：“而每着之中，五官百骸顺其自然之势，而阴阳五行之气运乎其中。”“然气非理无以宰，而理非气无以行。故理与所气不相离而相附，此太极根无极者然也。”

阴阳五行学说，是中国古典哲学的源头。知晓其理，不仅对我们对传承中华文明有所补益，更是在中国医学领域发挥的作用至今仍是有目共睹的。实践证明，太乙五行拳的开合变化，运动五官百骸的方式方法对人体健康都是十分有益的。明了它运行的原理，才会使我们更好地传承这一非遗拳种。

### 2.以太乙宫位为基准创拳路

1）八卦配九宫

古人标记方位与现代人刚好相反。现代人标记方位是上北下南，左西右东，而古人则是下北上南，右西左东。从洛书九宫图我们可以看出数、卦、方位一一对应关系：

一代表坎卦，位居正北方；

二代表坤卦，位居西南方；

三代表震卦，位居东方；

四代表巽卦，位居东南方；

五代表中宫；

六代表乾卦，位居西北方；

七代表兑卦，位居西方；

八代表艮卦，位居东北方；

九代表离卦，位居南方。

八卦配九宫：九宫即洛书所指的九个方位，一般将后天八卦按方位装入洛书，中间空开，即形成所谓的“九宫八卦”。后天八卦配洛书，其对应关系和方位顺序为：“一宫坎（北），二宫坤（西南），三宫震（东），四宫巽（东南），五宫（中），六宫乾（西北），七宫兑（西），八宫艮（东北），九宫离（南）。”后天八卦震卦为起始点，位列正东。按顺时针方向，依次为巽卦，东南；离卦，正南；坤卦，西南；兑卦，正西；乾卦，西北；坎卦，正北；艮卦，东北。在后天八卦九宫排列图中，坎、震，离、兑为四方，乾、艮、巽，坤为四隅。

| 乾六 | 坎一 | 艮八 |
|---|---|---|
| 兑七 | 宫五 | 震三 |
| 坤二 | 离九 | 巽四 |

**图2–3　后天八卦九宫排列图**

2）八卦配九宫中的太乙配法

（1）太乙，又及称太乙数，太乙是术数的一种，为三式之首，（“三式”即我国古代术数中三大秘术太乙、奇门、六壬同称“三式”），是古代高层次预测学。《奇门五总龟》曰；“昔黄帝命风后作太乙，雷公或九宫法，以灵龟洛书之数，”仿易理所作，属易经象数之学。其法大抵本于《易纬·乾凿度》太乙行九宫法。采用五元六纪，三百六十年为一大周期，七十二年为一小周期，太乙每宫居三年，不入中宫，二十四年转一周，七十二年游三期。

（2）太乙宫位。太乙式与遁甲式不同，遁甲式为后天方位数，乾卦为六宫，巽卦为四宫，太乙将宫位逆时针转45°（向左旋转一个宫位），以乾宫为一、离宫为二、艮宫为三、震宫为四、五为中宫、兑宫为六、坤宫为七、坎宫为八、巽宫为九。

此处，将后天八卦中的洛书九宫图同太乙九宫图所比较展示如下（图2–4）：

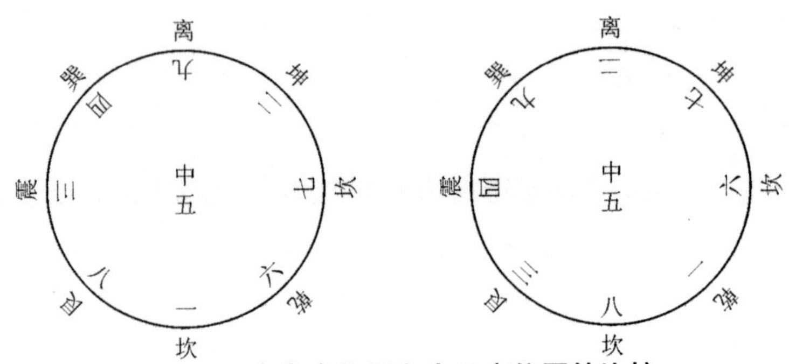


图2-4　洛书宫位图和太乙宫位图的比较

（3）太乙所指九宫

一宫乾天门主冀州。为绝阳。

二宫离火门主荆州。为易气。

三宫艮鬼门主青州。为和。

四宫震日门主徐州。为绝气。

五中宫，中天之枢纽，斡旋八方，太乙行其考治而不居。

六宫兑月门主雍州。为绝气。

七宫坤人门主益州。为和。

八宫坎水门主兖州。为易气。

九宫巽风门主扬州。为绝阴。

| 巽九 | 离二 | 坤七 |
|---|---|---|
| 震四 | 五 | 兑六 |
| 艮三 | 坎八 | 乾一 |

图2-5　太乙宫位图

因此，武当太乙五行拳中的拳路格局为“穿行九宫、不入中宫、斡旋八方、四方四隅”，行拳路数走“四方四隅”，即：“坎、震，离、兑”四方，“乾、艮、巽，坤”四隅，共八个方位。此拳从动作编排和套路方位路线上讲，紧扣五行之理，按照太乙宫位走方位，穿行于九宫之中，在阴阳转化和四方四隅中形成武当太乙五行拳独特的“穿行九宫、不入中宫”的格局。整套拳路确定五行方位之后，取相生相克之数，在八卦中千变万化。由于在太极圈阴阳鱼和四正四隅中不断变化便形成了在九宫中穿行的格局。手是环抱式，脚走括弧式，腰随胯转，肩胯相对，在方丈之地行云流水，劲势无穷，畅流不息。

## （二）基本特点

动作要领：虚领顶劲，含胸拔背，沉肩坠肘，讲究腰随胯转，周身灵活，形意相随，呼吸自然。

基本要求：手如环抱，脚走括弧式，动如蛇之行，柔似蚕作茧。

基本技法：讲究手、腿、肘、脚并用，尤以扣穴擒拿为主。

三大特点： 一是讲究拳气合一，意念集中，起于涌泉，以意领行，以气催力；二是讲究刚柔相济，刚藏于内，柔现于外，以柔韧之劲，连贯动作于整体之中；三是讲究动静结合，静中有动，动中含静，以静制动，后发制人，集养生与擒扑为一体，怡养心神、真元归一。

在演练意境上，武当太乙五行拳依循九宫走圆化柔，讲究“尚意不尚力，贵化不贵抗”，动静自如、心息相依，辨位于分寸毫厘，制敌于擒扑封闭。全套动作讲究“以胯带腰，肩胯相对，两手环抱，脚走括弧”。“走圆化柔”体现在腕旋手转，踝旋足转，肘旋臂转，膝旋腿转，胯旋腰转，运动中弧形形成手足圈，肘膝圈，肩胯圈，处处圆活，似曲非曲，似闭非闭。从拳架开合来看，太乙五行拳属于小架子，有“拳打卧牛之地、脚踢丈二方圆”之说，方丈之地便可演练，而且架子很低，强调下部的稳实。从拳势来看，处处走圆化柔，身法中正不偏，上体双臂起伏匀缓，动静自如，强调腰随胯转，肩胯相对。而下体则像八卦掌，脚步内扣外摆，翻展胯部关节的幅度很大，但每步进退均带小括弧，或正或反，没有八卦开步大。太乙五行拳上下肢体在拳势中的协调，全靠胯的圆活转动来完成，可以说胯部的圆括与否是这套拳的关键。胯关节展转越圆活，拳术的协调性就越好，也越能起到养生保健和技击锻炼的作用。而这种走圆化柔：不仅仅是外形的要求，更重要的是求得内在的放松，由于外在的走圆化柔，促使人体气血流通的各个关窍相应放松，有利于内气的畅通无阻，使功力随修炼进展而加深。

## （三）功　　能

### 1.强身健体功能

太乙五行拳在动作方面讲究虚灵顶劲，含胸拔背，沉肩坠肘，一方面全身主要肌肉群、韧带组织和关节全程参与做功，一方面配合均匀的腹式呼吸与横膈运动；在意念方面，讲究拳气合一，意念集中于运行中的穴位，意起涌泉，以意领行，以气催力，意念控制行为的全程介入对中枢神经系统起到积极锻炼和影响。意念和拳法的合一高度契合，利于平衡人体心血管系统机能、呼吸机能、骨骼系统机能、代谢功能、消化功能，以及消除老年人肥胖带来的威胁等，使人体系统与器官机能得到改善和保健，起到养生健身、祛病延年、抗老防衰的作用。

### 2.修身养性功效

太乙五行拳依其五行相生相克之数，调节阴阳平衡，讲内调温养，顺其自然，练功不辍，阴阳平和，益寿延年。此拳融合了华佗五禽戏中的象形动作：虎形壮肺、猿形壮肾、鹿形壮脾、熊形壮肝、鹤形壮心，使防衰老祛疾病的锻炼功效更加古朴有效。尤其是在拳术中一开一合，意念催动之际，运动全身各部的方式和舌抵上腭、接通任督两脉的真气运行于人体，对健康大有裨益。具体讲：起势中定土，五行中土乃有生化万物之灵性，而脾属土，脾又为生化之源，象征生命之起源。脾之生化万物乃需心(火)温热之，面向南，脾得以火温热而生化水谷之槽微。继而向东，东属木(肝)，以木助火(肝藏血济心)，火太盛则伤脾，又由南转向西，金克木以止火旺 (肺气靖肃可抑制肝阳上亢)。

武当太乙五行拳讲究眼到手到、手到意到、以意领行，导引经络，气贯全身。其“尚意不尚力”的宗旨思维，以意为主导的锻炼形式，使人的思想集中、意念归一，专注于引导全身各器官组织的转换衔接，专注于导引内气的运行，使神经系统的自我控制能力得到优化，使本来被动的肌体运动变为主动的意识导引活动。意念介入功法、习惯形成自然，当拳气合一、以意领行、以气催力成为功法常态，练功时就会体会到大脑皮质运动中枢和第二信号系统处于高度兴奋集中状态，而绝大部分大脑皮质则处于抑制状态，使大脑得到充分休息，有利于神经系统和人体器官疲劳的恢复。在练功时，经常保持意念专一，思维和感官的敏锐性都将会有良好的改善。

**3.实战格斗技击**

格斗原则：“尚意不尚力，贵化不贵抗，刚柔相济，走圆化柔，动如蛇之行，柔似蚕作茧。辨位于分寸毫厘，制敌于擒扑封闭，拳打卧牛之地，脚踢丈二方圆”。格斗中，手法呈圆弧形，并随身体转运而收至腰胯成定势。每式扣穴封缠的双手运动在以胯为轴的圆周活动中左收右发或上收下发，整体的圆弧劲柔韧不绝，运行讲究沾粘连随、贵化不贵抗，在走圆化柔中寻找对方破绽，运用杠杆原理控制力点，在弧线迂回中手法扣穴，腿法封缠，利用反关节技术破掉对方力点和重心，动作幅度到位即可获得绝佳的攻击效果。

格斗技法：“辨位于尺寸毫厘、制敌于擒拿封闭”。即运动中捕捉战机，利用反关节准确地缠扣对手关节、脉门、穴位，制服对手。在技击中主要涉及的关节有：腕、肘、肩、颈、膝等；主要涉及的穴位是：涌泉穴、合谷穴、内关穴、阳池穴、阴谷穴、血海穴、昆仑穴、风池穴、天柱穴等。

# 三、武当太乙五行拳基本动作

扫码观看武当太乙五行拳
基本动作视频

## （一）手　　型

图3–1

①八字掌:五指微屈，拇指外展，其余四指自然靠拢，虎口要圆，形如八字。（图3–1）

图3–2

②劈空掌（扣指掌):拇指屈扣，其余四指伸直并拢。（图3–2）

## （二）手　　法

图3–3

①劈掌：由上向下或由下向斜上方侧掌劈击，劲贯掌外沿。（图3–3）

图3–4

②虎爪掌（虎掌）：拇指外展弯曲，其余四指并拢，使第二、三节指骨弯曲，但不得并拢。（图3–4）

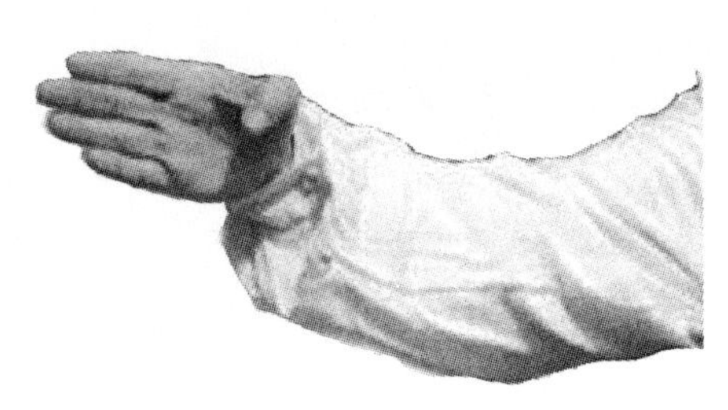

图3-5

③戳掌:臂由屈到伸，直腕向前顶击，劲贯指尖。（图3-5）

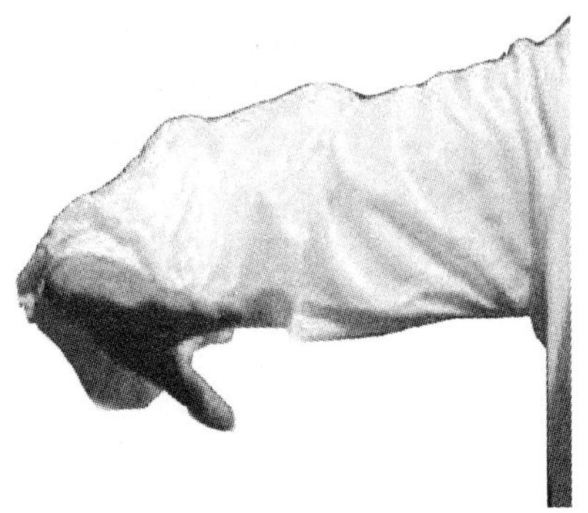

图3-6

④按掌：由上向下按，手心朝下，劲贯掌心。（图3-6）

图3-7

⑤插掌:臂由屈到伸，直腕向下或斜下插，劲贯指尖。（图3-7）

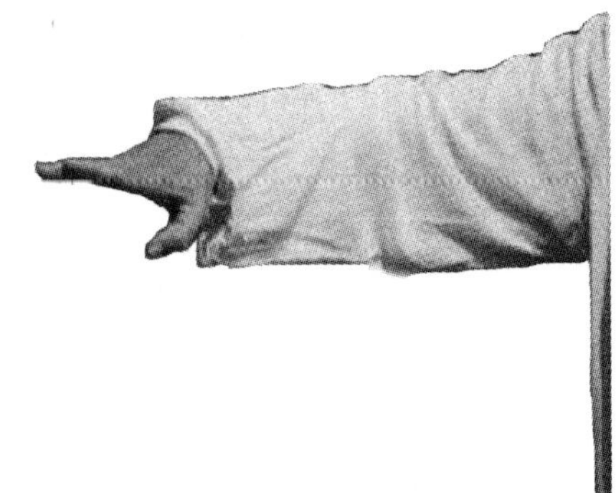

图3-8

⑥砍掌:由右向左或由左向右横击，劲贯掌外沿。（图3-8）

图3-9

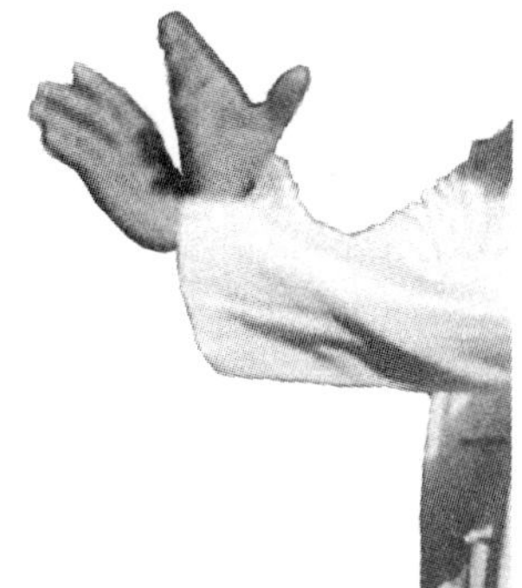

图3-10

⑦缠手

（1）以腕关节为轴，手掌由里向上、向外、向下缠绕，同时前臂外旋，使虎口朝上封闭。（图3-9、图3-10）

（2）手掌由里向下、向外、向上缠绕，同时前臂内旋，使掌心朝下封闭。（图3-9、图3-10）

图3-11

图3-12

⑧擒扑手:以手擒肩扛，由上向前下方扑按摔出。（图3-11、图3-12）

图3-13

图3-14

图3-15

⑨靠肘:臂略屈，内旋上举，向后靠压，手心朝外，劲贯肘尖。（图3-15）

以上各种手法的变换部要划弧走圆路线，同时前臂做相应旋转，腕部要松活。讲究两手（臂）屈如环抱式。要注意手眼身法步等动作的协调配合。

## （三）步　　型

图3–16

①虎步裆（马步):两脚左右开立，脚尖微向内扣，相距肩同宽，两足跟与两肘尖（以屈肘贴肋为准）上下相对，屈膝略蹲，膝至胯约成45° 斜面。（图3–16）

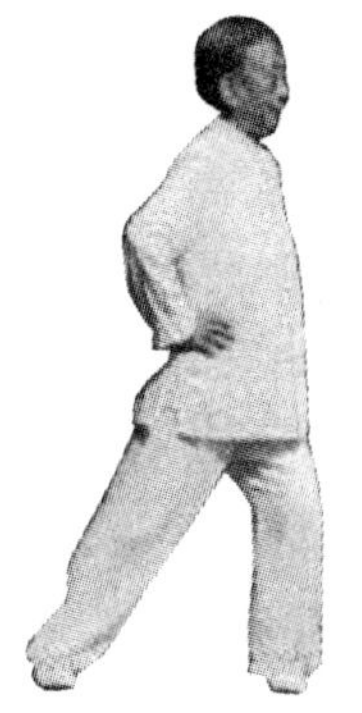

图3–17

②熊步裆（弓步）：前脚微内扣，全脚着地，屈膝略蹲，膝至胯约成45° 斜面，膝部与脚尖垂直：另一腿在后自然挺膝蹬直，脚尖内扣斜向前方，全脚着地。（图3–17）

图3–18

③狮步裆（仆步）：一腿屈膝沉坐，膝与脚尖稍向外展；另一腿挺膝伸直仆出，全脚着地，脚尖内扣。（图3–18）

图3–19

④鸦雀裆（虚步）：后脚斜向前，屈膝略蹲，膝至胯约成45° 斜面，全脚着地，前腿自然挺膝伸直，脚尖内扣，全脚着地。（图3–19）

图3-20

⑤含鸡裆（丁步），两腿略蹲或半蹲并拢，一脚全脚着地支撑，另一脚以脚尖在支撑脚内侧点地，相距约一拳。（图3-20）

图3-21

⑥歇步：两腿交叉，屈膝全蹲，前脚全脚着地，脚尖外展；后脚脚跟离地，臀部坐于小腿上，接近脚跟。（图3-21）

图3-22

⑦横裆步：两脚左右开立，约同弓步宽，全脚着地，两脚尖微向内扣，一腿屈膝略蹲，膝至胯约成45°斜面，另一腿自然挺膝伸直。（图3-22）

图3-23

⑧独立步：支撑腿独立或微屈，另一腿在身前或体侧屈膝提起，高与胯平，脚尖自然下垂。（图3-23）

## （四）步　法

图3–24

①上步：后脚向前迈步。或一脚原地向前迈一步或半步。（图3–24）

图3–25

②退步：前脚后退一步。（图3–25）

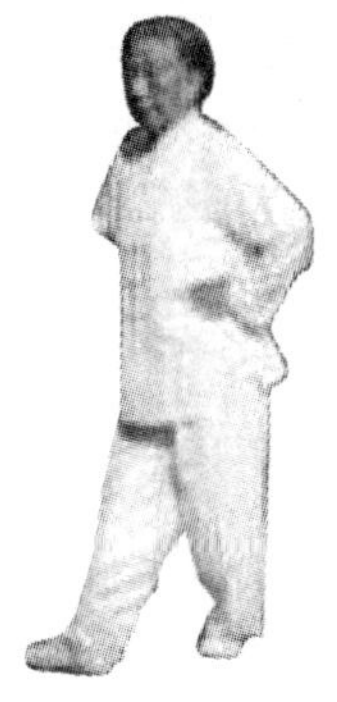
图3–26

③摆步：上步落地时脚尖外摆，与后脚成八字。（图3–26）

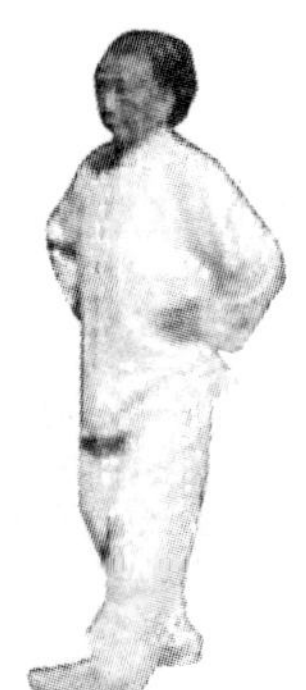
图3–27

④扣步：上步落地时脚尖内扣，与后脚成八字。（图3–27）

图3-28

⑤插步：一脚从支撑脚后叉过横落，两腿靠近。（图3-28）

图3-29

⑥跪步：一腿屈膝下蹲，另一腿跪地使膝部接近地面（不得贴地），脚跟离地，前脚掌着地。臀部坐于跪地腿的小腿上面。（图3-29）

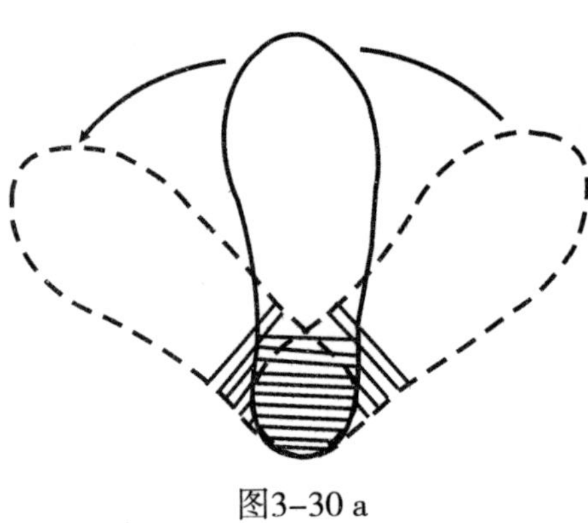
图3-30 a

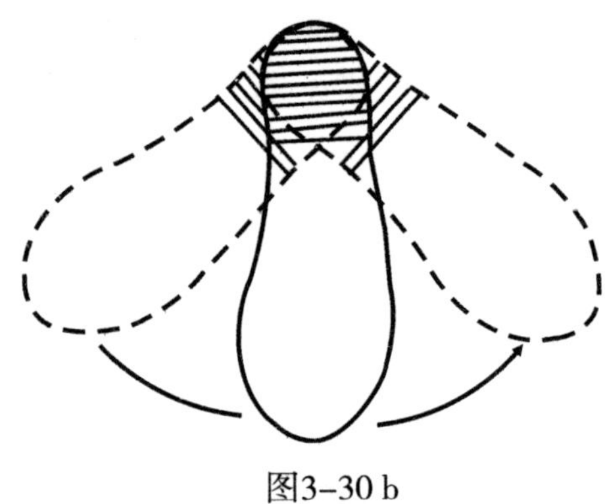
图3-30 b

⑦碾脚：脚跟作轴，脚尖外展或内扣；或以前脚掌作轴，脚跟外展或内转。（图3-30 a b）

各种步法的转换，无论前进后退变换时，都应虚实分明、轻灵稳健。迈步要求脚走括弧式路线；落步均以脚前掌先着地，但不可重滞突然。两脚纵向和横向距离要适当，脚掌和脚跟辗转要合度，注意膝部亦要松活自然。

## （五）腿　法

图3–31

①蹬腿：支撑腿直立或微屈。另一腿屈膝提起继之蹬出，腿伸直，脚尖上勾，劲贯脚跟，脚高过腰部。（图3–31）

图3–32

②踹腿：支撑腿直立或微屈，另一腿屈膝提起踹出，腿伸直，脚尖勾起内扣或外摆，劲贯脚底。高踹与腰平，低踹与膝平。（图3–32）

图3–33

③铲腿：要求同踹腿，唯脚掌朝下，脚尖内扣，劲贯脚外侧。（图3–33）

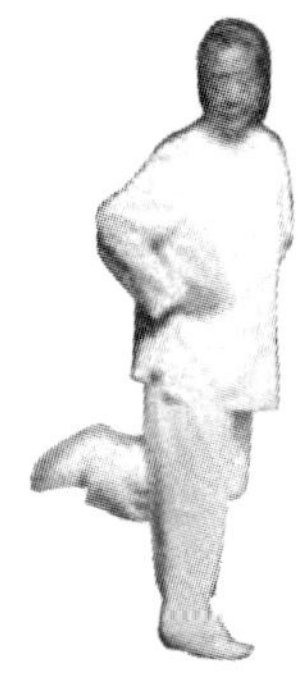

图3–34

④撩踢：支撑腿直立或微屈。另一腿在身后屈膝使小腿向里侧撩起，脚底朝上，脚面绷平，劲贯脚前掌。（图3–34）

## （六）身　　型

身型总的要求是：头平项直，虚领顶劲，含胸拔背，沉肩坠肘，松腰竖脊，缩腰敛臂，中定自然。

（1）头："虚领顶劲"，要求下颚微含，顶重楼穴（喉咙处），即头正顶平，下颚微向内收，接近喉部。头顶的百会穴轻轻上提，犹如头顶有绳牵悬着，又似头轻轻顶着一碗水，不能倾斜；下颌微收，舌抵上颚，意念上将百会穴与会阴穴保持垂直线，体态中定。

（2）颈：自然竖直，肌肉放松。颈项端正松竖而不僵硬，要虚虚领起，若有若无。

（3）肩：保持松沉，不可后张或前扣。

（4）肘：自然弯曲下垂，不可僵直或扬起。

（5）腕： 腕关节作为实施擒拿手法的主要部位，其松活、旋转要求很高，要求腕随肘肩而动，旋转程度随肩肘的松活程度而决定，在练腕关节"活"的同时，重点动作为坐腕和绷腕，松驰要力求柔而韧。

（6）臂：略收内敛，不可向后挺起或摇摆。

（7）上肢三关节"肩、肘、腕"动作要领：上肢三大关节为肩、肘、腕，其中肩最主要。太乙五行拳要求劲始于足，通过肩达于臂，因此，手臂运动能否圆活松柔、取决于肩关节松活程度，肩关节松开，便于经络畅通，利于内气运行，因此，肩要松沉。肘关节始终要微屈下垂，一般不能僵直地高抬过肩，否则就失去了松沉状态。

（8）胸：平胸微含，舒松自然不可外挺或故意内缩。

（9）背：阔展，不可弓背、驼背。

（10）脊：保持正直，不可左歪右斜、前挺后弓。

（11）躯干主体的关节群"胸、背、脊"动作要领："含胸拔背"。具体讲:胸部自然放松，微微内含，不能有意外挺或内缩。由于胸部自然放松内含，背部则调展拔伸，不弓驼，脊梁自然正直，不能前后仰腑，左右斜倾。

（12）腰：自然松垂，不可前挺或后弓。腰为上下体转动的关键部位，对全身活动的变化，调整重心的稳定起着主要作用，因此，要求做到直而松沉，就是与脊梁一样自然正直，不是挺直硬直成弓。由于腰部是躯干的枢纽，所谓"松沉"中的"沉"，体现在腰部。在拳势运行的虚实转换时，重心交替变换在胯关节左右，腰部的正直与虚实，控制也显得尤为重要。

（13）胯：保持松、活、正、平，不可突出歪扭。胯是下肢最大关节，区别于其他部分拳种的“以腰带胯”，太乙五行拳更为突出“以胯带腰”的技术内涵。胯关节应通过基本步伐和桩法的训练，达到圆活、松开，然后注意以它来协调平衡腰腿动作的连贯稳实，练习胯部在技击中的作用。

（14）膝：伸屈自然柔和。膝，太乙五行拳是讲究虚实开合的拳术，重心往往落在一腿，而且在拳术中，胯膝的旋转频繁，因此膝部相当吃重，为达到拳术效果，膝关节要求有力而灵活，伸展轻松柔和，屈不过足尖。

（15）足：十指微屈抓地。足，为拳术步法之根基，包含了脚掌、踝部。太乙五行拳讲究劲始发于跟，一切活动从足开始，出步必括弧形？当踝部转动时，脚掌必须十趾抓地，不能顾此失彼。

（16）裆：要求圆裆。松开胯部，裆部必须撑圆，其方式是开步站立后，双腿微屈向外翻，而膝部同时又向里翻，形成两腿向外翻，双膝往里靠的感觉，这样裆部自然撑开。

## （七）身　　法

身法总的要求是:上体端正自然、不偏不倚。周身动作协调圆活、松柔和缓、以胯带腰、腰随胯转，达到“动如蛇之行，柔似蚕作茧”的状态。

1）身法中正

武当太乙五行拳演练讲究虚实、开合、进退、呼吸、左右等转换，身法中正是重中之重，身体一斜拳架和劲路就散了。因此打拳过程中，自头顶、躯干，至会阴，始终要保持一条垂直线，做到上下相随、垂直线不偏。

身法中正，上体松沉，一是加强了下肢的锻炼，二是重心下移形成根基稳固的态势有利于技击格斗。

2）“动如蛇之行，柔似蚕作茧”

拳法走圆化柔，动如蛇之行，柔似蚕作茧。“走圆化柔”在技术要求上体现在腕旋手转，踝旋足转，肘旋臂转，膝旋腿转，胯旋腰转，运动中弧形形成手足圈，肘膝圈，肩胯圈，处处圆活，似曲非曲，似闭非闭；在竞技格斗中，讲究柔而不软、圆而不僵、松柔而有韧性、形态圆活。动作做到微微贯劲，不顶不硬不僵滞。

太乙五行拳讲究尚意不尚力，在形态上要做到柔韧圆活，绵绵不断，意识与外形均要反映出连绵缠柔性来，具体讲肩与胯合，肘与膝合，手与足合。肩始终要跟随胯走，两胯与两肩时时要保持相对齐，动向一致，遵循“上下一条线”准则，重心下沉稳当。肘不能过于膝，手不能过于足。

## （八）眼　　法

凡动作变化，两眼应与手法、步法、身法协调配合，做到势动神随，意识集中，形神合一，神态自然。定势时，眼平视前方或注视主要的手，动势时，手眼相随或向预定前去的方向注视。

眼法眼神全凭眼睛定势体现，一方面锻炼了视神经系统，另一方面则体现了拳术的味道和风韵，神形兼备的最集中体现即是眼随手走，手到哪里，眼神跟到哪里。

# 四、武当太乙五行拳拳谱及套路解析

扫码观看武当太乙五行拳
套路解析视频

## （一）拳　谱

预备势(无极势)

起势、混元一气　旋转乾坤

1.白猿出洞　双峰拜日

2.悬崖勒马　海底顶云

3.蛟龙溟濛　雷劈山洪

4.犀牛望月　转身托天

5.青狮抱球　闪耀金庭

6.豹子含美　仰颈惊林

7.大鹏展翅　群兽震惊

8.花鹿采芝　俯饮清泉

9.黄蟒吐津　戏引蝼群

10.鲤鱼打挺　波浪滔天

11.雄鹰探山　双擒鸡群

12.仙鹤腾空　飞舞风云

13.金猴窃丹　炉火皆平

14.青娥探月　波平浪静

15.黑熊反掌　威震森林

16.金蟾得度　醉卧瑶池

17.喜鹊登枝　寒立梅荫

18.苍龙入海　意守心宁

19.野马抖鬃　烈性飞腾

20.神猿入洞　性归心田

21.彩凤凌空　百鸟齐鸣

22.伏虎灵台　永守黄庭

23.抱元守一　正气长存

收势、动静结合　反转乾坤

## （二）套路解析

**预备势(无极势)**

图4–1

设面南背北方向，两脚并步站立，两臂自然垂于体侧，肘微屈（肘肋相距约一拳宽）两手掌指自然分开成八字掌，中指贴对裤缝，掌心朝里，虎口朝前，上体沉肩、平胸、直背，头部下颚内收，虚领顶劲，眼平视正南。（图4–1）

**起势、混元一气　旋转乾坤**

图4–2

①两脚尖外展如“V”字形，宽与肩同，继之两脚跟外转，与两肘尖上下相对，脚尖微向内扣如“八”字形，两脚成开步站立，膝部微屈；上体与两手臂仍成上势不变。（图4–2）

图4–3

②两脚不动，两臂由体侧向前向上屈腕，徐徐提起，高与胸平，两臂屈肘成圆弧形，两掌送垂，掌指朝下，掌心朝里，虎口相对，与胸同宽；眼平视前方。（图4–3）

图4–4

③ 上动不停，两肩向后松沉（即肩关节微向上提起约三分，复向后沉，使肩胛自然缩靠贴近）同时两掌上翻，坐腕、翘指，高与肩平，掌心朝前，拇指相对，两臂仍成圆弧形；眼平视前方。（图4–4）

图4-5

④上动不停，两腿屈膝下蹲成马步，同时两掌下按，掌心朝下（意在中指），虎口相对成圆，高与上腹平，两臂仍成圆弧形；眼平视前方。（图4-5）

图4-6

图4-7

⑤上动不停，胯向左旋，两腿由马步转换成左弓步，上体随胯转向正东；同时两臂仍成圆弧形向左划弧摆动，两掌随之由八字掌变为扣指掌（劈空掌），手腕内扣，中指相对，掌心朝下，高于腰平；眼平视前方。（图4-6、图4-7）

图4-8

⑥上动不停，上体后坐，重心移至右腿上，成左虚步，同时两肩后沉，两臂由前向后分开至身体两侧，两掌随之按至胯旁，手腕内扣，掌指斜朝前方，掌心朝下，面朝正东；眼平视前方。（图4-8）

图4–9

图4–10

图4–11

⑦、⑧动作与⑤、⑥相同，唯左右相反。（图4–9、图4–10、图4–11）

图4-12

⑨上动不停，胯向左旋，两腿成半马步，上体随胯转至西南，同时两臂成上动姿势，随胯向左转动，两掌仍按于两胯旁，掌心朝下，眼平视西南。（图4-12）

图4-13

⑩动作与⑨相同，唯左右相反，眼平视正南。

1.白猿出洞　双峰拜日

图4–14

①承上势，胯稍向左旋，左脚向后、向右脚内侧作括弧式收步，脚尖点地，脚面绷平，成左丁步，同时两臂不动，两掌由扣指掌变八字掌，在胯旁以腕为轴向后旋转上翻，掌心朝上，掌指对胯；上体随胯右旋遂仍转向东南；眼平视正南。（图4–14）

图4–15

②上动不停，右腿伸直立起，左腿在体侧屈膝上提，脚尖朝下，脚面绷平，成独立步；同时两手由胯旁向前、向上至胸前交叉，成十字掌，（右内左外），掌心朝里，沉肩垂肘，上体随之偏转向南；眼平视正南。（图4–15）

图4–16

③上动不停，右腿下蹲，上体随之下沉，左脚下落至右脚内侧，脚尖点地，成左丁步；同时两臂内旋，两掌仍成十字掌，翻转向外，下按至左膝上，左掌心朝南，右掌心朝东，眼平视正南。（图4–16）

图4–17

图4-18

④上动不停，左脚由叉脚内侧经左向正南方向做括弧式上半步，脚尖微内扣，上体随之转向正南，重心偏移至左腿上，屈膝前弓，右腿自然伸直，成弓左步，同时两掌由八字掌变扣指掌，分别向东南、西南前上方劈出，掌心斜相对，掌距稍宽于肩，指与眉平，眼平视前方。（图4-17、图4-18）

图4-19

图4–20

⑤上动不停，两掌随之向下、向里旋腕，拇指亦向下张开成八字掌，掌心朝下；胯随即右旋，上体随胯右转，重心移至左腿上，右脚向后东、向左脚内侧作括弧式收步，脚尖点地，脚面绷平，成右丁步，同时两臂外旋，以腕为轴，使两掌拇指向里翻转外挑，拇指朝上，掌心斜朝里，左手高于胸平，右手稍低于左手，两臂屈如环抱式，沉肩上提，眼平视正西。（图4–19、图4–20）

图4–21

⑥上动不停，右脚由左脚内侧向前、向正南方向作括弧式上步，脚尖微内扣，左脚跟随之内转，左腿屈膝微蹲，成右虚步，同时上体随胯左转，两臂仍成环抱式，使两掌向左搬托，掌心朝上，眼视右掌。（图4–21）

图4–22

图4–23

⑦上动不停，上体随胯右转向南，重心向前偏移至右腿上，屈膝前弓，左腿自然伸直，成右弓步；同时两掌以腕为轴，向上、向里、向下翻转成虎掌，继而边转边向正南前方伸指顶戳击出，成扣指掌。右掌在前，掌心朝右，护于右肘内侧，两臂微屈；眼视右掌。（图4–22、图4–23）

### 2.悬崖勒马　海底顶云

图4-24

①承上势，身体后坐，重心移至左腿上，屈膝微蹲，右腿自然伸直，成右虚步；同时两臂仍同上势，两手随之向前屈腕垂掌，掌指斜朝下，右掌高与胸平，左掌高与脐平；眼平视正南。（图4-24）

图4-25

图4-26反面

图4-26正面

②上动不停，右脚尖翘起外撇，胯向右旋，上体随胯转向西北，两腿成交叉步，膝微屈，左脚跟抬起，同时右臂内旋，右掌随之由胸前向下，向右胯后侧变虎掌，反手(掌心朝后）擒拿，继之臂外旋翻腕，使虎口朝前，掌心朝上；左臂外3脐带旋，左掌随之向上、向右、向下劈掌，小指一侧朝下，掌心斜朝里，高与腰平，两臂微屈；眼平视西北。（图4-25，图4-26正、反面）

图4-27正面

图4-27反面

图4–28反面

③上动不停，身体重心前移至右腿上，右胯上提，伸腿直立，左腿屈膝提起上顶，左脚随即向西北前方蹬出，脚尖勾起朝上，劲贯脚跟；同时两臂仍同上势，右手稍向上提；左手稍向下切按，上体正直；眼平视西北。（图4–27正、反面，图4–28正、反面）

图4–28正面

图4–29正面

图4-29反面

④上动不停，胯稍向右旋，左脚向西北前方落步，脚尖微内扣，上体随胯转动，重心仍在右腿，成左虚步；同时两臂成环抱式，两掌变八字掌上托至胸前，掌心朝上，眼视左掌。（图4-29正、反面）。

图4-30反面

图4–30正面

⑤上动不停，胯向左旋，上体随胯转动，重心向前偏移至左腿上，屈膝前弓，右腿自然伸直，成左弓步；同时两掌以腕为轴，由上向里、向下翻转成虎掌，继而边转边向西北前方伸指顶戳击出，成扣指掌。左掌在前，掌心朝右，高与胸平；右掌在后，掌心朝左，护于左肘内侧，两臂微屈；眼视左掌。（图4–30正、反面，图4–31正、反面）。

图4–31反面

图4–31正面

3.蛟龙溟濛　雷劈山洪

图4–32正面

图34–2反面

①承上势，胯先稍向左旋后复向右旋，上体随胯转向东北，右脚随即收靠至左脚内侧，脚尖点地，脚面绷平，成右丁步；同时两掌变八字掌在体前做抱球式，右掌在上，高与胸平，左掌在下，高与脐平，掌心相对，两臂仍屈如环抱式；眼平视东北。（图4–32正、反面）

图4-33

图4-34

②上动不停，上体随胯稍向左转，右脚由左脚内侧向南，向东作括弧式上步，脚尖内扣，右腿随即屈膝前弓，左腿自然伸直，成横裆步，同时上体随胯复向右转，重心偏移至右腿上，右掌随之由胸前向右膝前方下按，掌心朝下，左掌由下向上斜提举至胸前，掌心斜朝上，两臂微屈，眼平视正东。（图4-33、图4-34）

图4–35

③上动不停，右脚不动，胯向左旋，左脚尖翘起外撇，上体随胯转向西，同时左掌由胸前变扣指掌，向左上方斜劈，掌心朝外，小指一侧朝上，高与眉平；右掌以腕为轴，由外向内上翻，掌心朝上，掌指对胯，两臂微屈，眼视左掌。（图4–35）

图4–36

④上动不停，胯继之左旋，上体随胯转向东南，左脚尖亦随之外撇落步，脚尖对向东南，右脚跟抬起，两腿微屈成交叉步；同时左掌由扣指掌变为虎掌顺势向左、向下擒拿至左胯旁，虎口朝前，掌心朝里；右掌随之由胯旁变扣指掌，向右、向上，向左划弧至东南方向斜插，掌指斜朝下，掌心朝左，手腕高于肩平，眼平视东南。（图4–36）

图4–37

⑤上动不停，身体重心前移至左腿上，微屈站立，右腿随之屈膝提起向东南前方下踹，高与左膝平，脚内侧斜朝上，脚尖勾起；同时左手仍同上势不变，右手仍成插掌稍向前伸，眼平视东南。（图4–37）

图4–38

⑥上动不停，胯向左旋，上体随胯转向正东，右脚向东南前方落步，脚尖微内扣，左脚随之辗转，左脚屈膝微蹲，成右虚步；同时两臂成环抱式使两掌变八字掌向左搬托，掌心朝上，眼平视正东。（图4–38）

图4-39

图4-40

⑦动作与第一势“百猿出洞，双峰拜日”中第⑦节动作相同，唯方向朝东南。（图4-39、图4-40）

4.犀牛望月　转身托天

图4–41

图4–42

①承上势，身体重心前移至右腿上，右腿膝微屈站立，左腿在身后屈膝抬起，随即下落，脚尖点地；同时两手向前屈腕垂掌，指尖斜朝下，两臂仍成环抱势，上体正直，眼平视东南。（图4–41、图4–42）。

图4–43

②上动不停，胯向左旋，上体随胯转向西北，左脚亦随之以脚尖为轴，脚跟内转落地，脚内侧朝西北；同时左掌由右肘内侧向左上方斜劈，掌心朝外，小指一侧朝上，高与眉平。右臂下落，右掌以腕为轴，由外向里上翻，掌心向上，掌指对胯，两臂微屈，眼视左掌。（图4–43）

图4–44

③上动不停，胯继之左旋，上体随胯转向正西，右脚随即由后经左脚内侧向西北、向北作括弧式上步，脚尖内扣，腿自然伸直，左腿屈膝前弓，成左弓步；同时左手变虎掌由上向左下方擒拿至左胯旁，虎口朝前，掌心朝里，右手变八字掌由胯向前穿出至腹前，虎口朝上，掌心朝里；两臂微屈；眼平视正西。（图4–44）

图4–45

④上动不停，胯向右旋，上体随胯转向西北，重心偏移至右腿上，屈膝前弓，左腿自然伸直，成右弓步；同时右手随上体向西北前方伸出，虎口朝前，掌心朝上，高与肩平，左手仍同上势不变，两臂微屈；眼平视西北。(图4–45）

**5.青狮抱球　闪耀金庭**

图4–46

①承上势，胯向左旋，上体随胯转向正南，两腿由右弓步变成左虚步；同时右手臂由西北向上、向正南虚肘扣腕、垂掌，掌指朝下，掌心朝后，腕高与胸平，左手臂仍同上势不变，眼平视正南。（图4–46）

图4–47

②上动不停，胯向右旋，上体随胯转向正东，右脚尖亦顺势外撇；左脚跟抬起，两腿微屈成交叉步；同时右掌由胸前向下经右肋变虎拳，擒拿按至右胯后侧，虎口朝前，掌心朝下，臂微屈；左手亦随之变为八字掌，由左胯旁向左、向上成环抱式举至身体左侧，虎口朝上，掌心朝里，高与肩平；眼平视东南。（图4–47）

图4–48

图4-49

③上动不停，上体与两手仍同上势不变，重心前移至右腿，微屈站立，左腿屈膝向后、向上撩踢，脚面绷平，脚底朝上与右掌心相对，高与膝平，眼平视东南。（图4-48）。

图4-50反面

图4-50正面

④上动不停，右脚跟微抬起，以脚前掌为轴，胯向右旋，同时左腿由外向里屈膝前提，脚尖勾起，脚内侧朝上，随胯转至正西落步。脚尖内扣，屈膝微蹲，右腿自然伸直，成横裆步；上体亦随之转向正北，两手臂仍同上势不变，左掌心朝上，高与胸平，右手变八字掌，按于右胯旁，掌心朝下；眼平视正北。（图4-49、图4-50正反面）

### 6.豹子含美　仰颈惊林

图4-51

①承上势，右脚由东经左脚内侧向后作括弧式退一步至正南，重心后移至右腿上，屈膝微蹲，左腿在前自然伸直，成左虚步；胯随即稍向右旋，上体转向正东；同时右手由胯旁向前、向上、向右、向后上方架掌靠拢，掌心朝外，小指一侧朝上，臂微屈，左手随之屈臂内旋按掌至颈部前，虎口朝上，掌心朝里；眼视右掌。（图4-51）

图4–52

②上动不停，胯向右旋，上体随之转向东北，重心偏移至左腿上，屈膝前弓，右腿自然伸直，成横裆步；同时右手向前下落，与左手一起向左斜捋至胸前托起，掌心朝上，两臂屈成环抱式；眼视右掌。（图4–52）

图4–53

图4-54

③动作与第一势“白猿出洞、双峰拜日”之第⑦节动作相同，唯两手前伸顶戳时，右脚尖正对南方，左腿在后微屈膝抬起，脚尖朝下，脚跟朝上。（图4-53、图4-54）

### 7.大鹏展翅　群兽震惊

图4-55

图4–56

①承上势，身体重心仍在右腿，两掌先下垂，掌指斜朝前下方，左腿向前屈膝上提，小腿内扣，脚尖斜朝下，脚面绷平，右腿随之伸直站立，胯稍向左旋，成独立步；同时左掌由下向左、向上斜劈架至头额前方，掌心朝外，小指一侧朝上，稍高于头，右掌随之下按至右胯旁，掌心朝下，拇指一侧朝里；两臂微屈；眼平视东南。（图4–55、图4–56）

图4–57

②上动不停，胯向左旋，上体随胯转向东北，左脚向东北落步，脚尖外撇，身体重心向前偏移至左腿上，右腿在后，两膝微曲；同时左手变虎掌由上向左、向下擒拿至左胯旁，虎口朝前，掌心朝里，右掌随之由胯旁经右腰侧穿出向上、向东北前方下插，掌心朝左，掌指斜朝下；两臂微屈，眼平视东北。（图4–57）

图4-58

图4-59

图4-60

③、④、⑤动作与第三势“蛟龙溟濛、雷劈山洪”之第“⑤、⑥、⑦”节动作相同，唯方向朝东北。（图4-58、图4-59、图4-60、图4-61）

图4–61



8.花鹿采芝　俯饮清泉

图4–62

①动作与第二势“勒马悬崖、海底顶云”之第①节动作相同，唯方向朝东北。（图4–62）

图4–63

②上动不停，右脚尖翘起外撇，胯向右转，上体随胯转向东南，重心仍在左腿上，同时右掌由胸前向右上方斜劈，掌心朝外，小指一侧朝上，高与眉平；左掌随之外旋上举至体前，掌心朝上，高与上腹平，两臂屈如环抱式，眼看右掌。（图4–63）

图4–64

③上动不停，胯随之右旋，上体随胯转向西南，右脚尖随之撇向西南，身体重心偏移至右腿上，左脚跟抬起，两腿屈膝微蹲成交叉步；同时右掌变虎掌，由上向右、向下擒拿至右胯旁，虎口朝前，掌心朝上；左掌随之向上、向前下劈，小指一侧朝下，掌心斜朝里，高与腰平，两臂微屈，眼平视西南。（图4–64）

图4–65

④上动不停，身体重心前移至右腿上，右胯上提伸腿直立，左腿屈膝提起，脚尖朝下，脚面绷平，眼视西南下方。（图4–65）

图4–66

⑤上动不停，右腿屈膝下蹲，左腿随之下落成跪步，脚尖在右脚内侧后方点地，膝朝西南，同时左掌向左膝外切按，小指一侧朝下，掌心朝里，掌指朝前，眼视前下方。（图4–66）

### 9.黄莽吐津　戏引蝼群

图4-67

①承上势，左掌变八字掌，由左膝外侧向后反掌（掌心朝上），抄起至东北方向，同时胯向左旋，上体随胯左转向东南，眼视左侧方。（图4-67）

图4-68

②上动不停，胯继之左旋，上体随胯转向东北；左脚随之稍向东北前方移步，脚尖外撇，身体重心前移至左腿上，右腿随之屈膝提起，向东北前方下踹，高与左膝平，脚内侧朝上，脚尖勾起；同时左掌外旋上托不停，再内旋变虎掌，经胸前向下擒拿至左胯旁，虎口朝前，掌心朝上；右掌亦随之由胯旁提起经胸前向东北下插，高与右肋平，掌心朝左，掌指斜朝下；两臂微屈；眼平视东北。（图4-68）

图4–69

图4–70

图71

③、④动作与第七势“大鹏展翅、群兽震惊”中之第③、④、⑤节动作相同，方向亦同。（图4–69、图4–70、图4–71）

### 10.鲤鱼打挺　波浪滔天

图4–72

图4–73

①承上势，身体重心后移至左腿上，胯向右旋，上体随胯转至东南，右脚尖随之翘起外撇；同时右掌向右上方斜不停，继以腕为轴，使拇指由外向里翻转上挑成八字掌，高与右肋平，掌心朝里，虎口朝上，右臂随之稍向右下沉；左掌随之后收，经左胯旁向左、向上划弧至头部左侧屈腕内扣，高与眉平，虎口朝上，两掌心斜相对，两臂屈如环抱式；眼平视正南。（图4–72、图4–73）

图4-74

图4-75反面

图4-75正面

②上动不停，身体重心前移至右腿上，以脚前掌为轴，上体随胯向右旋转至正北；同时左腿由外向里屈膝前提，脚尖勾起，脚内侧朝上，随胯右转至正西落步，脚尖内扣，两腿屈膝微蹲成马步；两手臂仍成上势不变；眼平视正北。（图4-74、图4-75正反面）

## 11.雄鹰探山　双擒鸡群

图4–76

图4–77

①承上势，上体右靠，重心移至右腿上，左脚随之由西收回，经右脚内侧向后、向左做括弧式迈步还原至正西，动作不停，上体复向左靠，重心移至左腿上；同时左掌内旋，向下经体前向上、向左上方变扣指掌斜劈不停，继以腕为轴，使拇指向里翻转上挑成八字掌至上体左侧，高与肩平，掌心朝右，虎口朝上，臂微屈；右手臂仍成上势不变，眼平视正北。（图4–76、图4–77）

图4–78

②动作与第①节动作相同，唯左右相反，两腿微蹲变成马步。（图4–78）

图4–79

③上动不停，步型不变，两腿继之半蹲；同时两手臂由两侧向胸前微合成环抱式，沉肩垂肘；两掌不变，掌心朝里，虎口朝上，眼平视正北。（图4–79）

图4–80

图4–81

图4–82

④、⑤动作与第一势“白猿出洞、双峰拜日”中之第⑥、⑦节动作相同，唯原地换势，方向朝东北。（图4–80、图4–81、图4–82）

## 12.仙鹤腾空　飞舞风云

图4–83

①承上势，两脚不动，身体重心后移至左腿上，两腿成右虚步，同时上体随胯仍朝东北，两掌随之内旋收回，分向腰胯两侧下按，掌心朝下，掌指朝前，两臂微屈；眼平视东北。（图4–83）

图4–84

图4-85

②上动不停，胯向左旋，上体先随胯左转向西，继之身体重心由左腿后移至右腿上，两腿成虚步；同时两掌随之旋动变八字掌，由胯两侧外旋上穿至胸前交叉，成十字掌式（左外，右内），掌心均朝里；虎口均朝上；两臂环屈；眼平视正西。（图4-84、图4-85）

图4-86

图4-87

③上动不停，胯向右旋，上体先随胯右转向东，继之身体重心由右腿后移至左腿上，两腿成右虚步；同时两手仍成十字掌内旋，转向正东，左掌仍在外，右掌仍在内，掌心均朝外，掌指斜朝上，两臂环屈，微向下沉；眼平视正东。（图4-86、图4-87）

图4-88

④上动不停，胯向左旋，上体随胯转向东北，右脚由东向右、向左腿后作括弧式插步至西北，同时两掌微上提，向左上方旋动，至左肩前分开；右掌经面前向右划弧至右肩前，稍高于肩；左掌向左、向上划弧至头部左侧，高与眉平，两掌心均朝外，掌指均朝上，两臂环屈；眼视左掌。（图4-88）

图4-89

⑤上动不停，胯向右旋，上体随胯转向正南，重心仍偏在左腿上，两腿成横裆步；同时两掌由上向右、向下擒拿扑按，左掌在前，高与腰平；掌心朝下；右掌在后成虎掌，高与上腹平，掌心朝正南前方，掌指朝上，两臂微屈，眼视左掌。（图4-89）

图4-90

图4-91

图4-92

⑥、⑦动作与第二势“勒马悬崖、海底顶云”中之第④、⑤节动作相同。唯原地变换步型，方向朝东南。（图4-90、图4-91、图4-92）

### 13.金猴窃丹　炉火皆平

图4-93

①承上势，身体重心前移至左腿上，胯稍向右旋，身体随胯转向西南，右脚随之由后向前做括弧式上步至左脚内侧，脚尖点地，脚面绷平，成右丁步；同时两掌收回在体前变八字掌做抱球式，右掌在上，高于胸平，左掌在下，高于腰平，掌心相对，两臂环屈；眼平视西南。（图4-93）

图4-94

②上动不停，胯向右旋，上体随胯转向正西，左脚不动，右脚随之由左脚内侧向后、向西北左括弧式上步，脚尖翘起，同时右掌由胸前向右、向后下按至右胯旁，掌心朝下，虎口朝左，左掌随之内旋，由腹前向左上方斜举至头部左侧，掌心朝里，虎口朝上，两臂微屈，眼平视正西。（图4-94）

图4-95

③上动不停，左脚不动，右脚踏实，胯随之左旋，上体随胯转向西南，同时右掌随胯外旋转腕上翻，掌心朝上，虎口朝前；左掌随之变虎掌至头顶上方，掌心朝下，虎口朝后，两臂环屈。眼平视正西。（图4-95）

图4–96

④上动不停，胯稍向右旋，上图随胯转向正西，身体重心偏移至右腿上，两腿变成右弓步。同时右掌向西北内旋转腕上托，高与眉平，掌心仍朝上，虎口朝后，左掌仍成上势不变，两臂环屈，眼视右掌。(图4–96）

### 14.青娥探月　波平浪静

图4–97

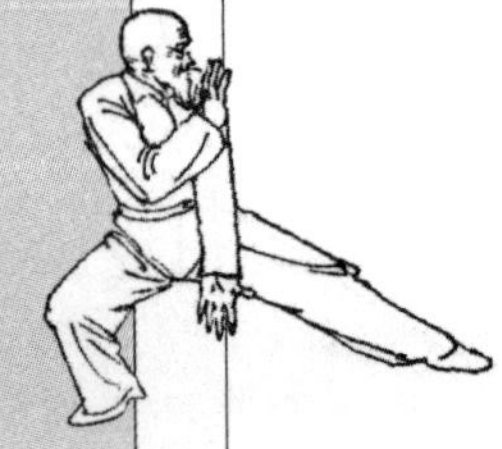

图4–98

①承上势，胯向左旋，上体随胯转向正南，身体重心移至右腿上，左脚尖翘起外撇；同时左掌由头顶变扣指掌，向左侧方斜劈不停，继之以腕为轴，使拇指由外向里翻转上挑成八字掌，高与眉平，掌心朝里，臂微屈；右掌随之由西北上方向下、向里屈肘经胯旁变扣指掌上穿至胸前，掌心朝里，掌指朝左前方，眼平视正南。（图4–97、图4–98）

图4–99

②上动不停，左脚继之外撇落步，脚尖朝东，身体重心前移至左腿上，胯向左旋，上体随胯转向东北，右脚随之由后向南、由东南作括弧式上步，两腿成右虚步；同时两手臂成上势不变，向左斜搬至左胸前；右掌亦随之向左戳指，两掌心均朝里，两臂屈如环抱式，眼平视东南。（图4–99）

图4–100

图4–101

③动作与第一势“白猿出洞双峰拜日”中之第⑦节动作相同，唯方向朝东南。（图4–100、图4–101）

### 15.黑熊反掌　威震森林

图4–102

图4–103

①承上势，身体重心后移至左腿上，右脚尖翘起稍向外撇，胯稍向右旋，上体随胯转向正南，同时右掌向右、向后上方斜劈不停，继之以腕为轴，使拇指由外向里翻转上挑成八字掌，高与肩平，掌心朝里，虎口朝上；左掌仍成上势不变由体前上举至头部左侧，掌心朝里，两臂屈如环抱式，眼平视正南。（图4–102、图4–103）

图4-104

图4-105

②上动不停，右脚尖内扣落步，胯向左旋，上体随胯转向西北，左脚随之稍向外撇，两腿变成左弓步；同时两掌的动作与第二势的“勒马悬崖、海底顶云”中之第⑤节的两掌动作相同，方向亦同。（图4-104、图4-105）

### 16.金蟾得度　醉卧瑶池

图4–106正面

图4–106反面

①承上势，身体重心后移至右腿上，两腿变成虚步；胯随之稍向左旋，同时左掌微向后收至左肋前，屈腕下垂，右掌随之经左上向前屈腕下点，高与胸平，两掌指均朝前下方，左掌心朝右，右掌心朝左，眼平视西北。（图4–106正、反面）

图4–107

②上动不停，胯继之左旋，上体随胯稍向左转，左脚尖随之外撇向西南，同时左掌由右肘内侧上穿，至额前上方，变虎掌擒拿，掌心朝上，虎口朝右；右掌随之由前下落，至腹前，高与腰平，掌心朝左，掌指朝前，两臂环屈；眼平视西北。（图4–107）

图4–108

③上动不停，胯继之左旋，上体随胯转向正南，左脚尖外撇向南，右脚跟随之离地抬起，身体重心稍向前移，使两腿交叉屈蹲成歇步；同时左掌继之由额前向左、向下擒拿至左胯旁，掌心朝后，虎口朝左，右掌随之由腹前向右、向上、向左、向下划弧按至左腿前，掌心朝下，掌指朝前；两臂环屈，眼视右掌。（图4–108）

### 17.喜鹊登枝　寒立梅荫

图4-109

图4-110

①承上势，两腿直伸站起，胯稍向左旋，上体随胯转向东南，身体重心随之移至右腿上，左腿屈膝提起，脚尖朝下，脚面绷平，成独立步；同时右掌由下经胸前上挑变虎掌向右、向后、向下划弧擒拿至右胯旁，掌心朝里，虎口朝前；左掌随之由左胯旁，向左、向上、向前划弧下按至右肋前，掌心斜朝下，掌指朝右；两臂微屈，眼平视东南。（图4-109、图4-110）

图4-111

②上动不停，右腿直立不动，上体和两手掌仍成上势不变；左腿向东南前方伸直铲出，高与胯平，脚外侧朝前，脚面绷平，脚尖内勾；眼平视东南。（图4-111）

图4-112

图4-113

图4–114

③、④动作与第二势“勒马悬崖、海底顶云”中之第④、⑤节动作相同，唯方向朝东南。（图4–112、图4–113、图4–114）

### 18.苍龙入海　意守心宁

图4–115

①承上势，动作与第十三势“金猴窃丹炉火皆平”中之第①节动作相同，方向亦同。（图4–115）

图4–116

图4–116正面

图4–117反面

②上动不停，右脚向左腿后作弧式插步至东南，脚外侧着地，脚尖内勾，左腿随之向下半蹲，胯随即向右后旋，上体随胯转向东北，两腿变成右仆步，同时右掌由胸前向右、向后、向东南下方划弧斜砍至右胯旁，掌心朝下，掌指朝东；左掌随之由腹前向右向后上托至左肩侧，掌心朝里，虎口朝上，两臂微屈，眼平视东南。（图4–116、图4–117正、图4–117反面）

图4-118

图4-119

③上动不停，右脚尖外撇，胯向右旋，上体随胯转向南，身体重心前移至右腿上，伸直站立，左腿随之屈膝前提，向东南下方伸直踹出，高与膝平，脚外侧斜朝上，脚尖朝右上勾，同时右掌由胯旁向右、向后划弧，屈臂上提至右耳侧方，屈腕垂指，掌心朝下，掌指朝前，左掌随之由左肩侧，向上、向右前方下按至腹前，掌心朝下，掌指朝右，臂微屈，眼平视东南。（图4-118、图4-119）

图4-120

图4-121

图4-122

④、⑤动作与第二势“勒马悬崖、海底顶云”中之第④、⑤节动作相同，唯方向朝东南。（图4-120、图4-121、图4-122）

## 19.野马抖鬃　烈性奔腾

图4–123

①承上势，身体重心后移至右腿上，胯稍向左旋，上提随胯转向正南，两腿变成左虚步；同时右掌由左肘内侧，向下、向后、向右、向上旋臂划弧至右肩侧，高与耳平，掌心斜朝下，掌指朝前；左掌随之由前向右、向后斜插至右肋前，掌心朝里，掌指朝右；两臂环屈，眼平视东南。（图4–123）

图4–124

图4–125

图4-126

②上动不停，左脚由东南向西北做括弧式退步，胯向左后旋，上提随胯转向西北，身体重心向后偏移至左腿上，两腿变成左弓步，同时两手臂仍成上势随之左转至东北，继而两掌变虎掌，边转边向西北前方伸指顶戳击出，成扣指掌；左掌在前，掌心朝右，高与胸平；右掌在后，掌心朝左，护于左肘内侧，两臂微屈；眼视左掌。（图4-124、图4-125、图4-126）

## 20.神猿入洞　性归心田

图4-127

①承上势，两脚不动，身体重心后移至右腿上，两腿变成左虚步，胯向左旋，上体随胯转向正西，同时左掌由前向下，经左胯旁向后反搂至臀部后侧，高与腰平，掌心朝后，掌指朝下；右掌变八字掌内旋上提至体前，高与肩平，掌心朝下，掌指朝前，两臂微屈，眼平视西北。（图4-127）

图4-128

②上动不停，胯向右后旋，左脚尖随之内扣朝东北，身体重心移至左腿上，两腿成右虚步，同时上体随胯转向东南，左掌由后向左、向上、向前旋臂划弧至左肩侧，高与肩平，掌心朝下，掌指朝前，右掌随之由体前向右、向下按至右胯旁，高与胯平，掌心朝下，掌指朝前；两臂微屈，眼平视正南。（图4-128）

图4-129

图4-130

③上动不停，右脚由东南向西南做括弧式退步，脚尖微内扣，胯向右后旋，上体随胯转向西南，左脚随之原地辗转，身体重心偏移至右腿上，两腿变成右弓步；同时左掌下落，与右掌一起变虎掌，边转边向西南前方伸指顶戳击出、成扣指掌；右掌在前，掌心朝左，高与胸平；左掌在后，掌心朝右，护于右肘内侧，两臂微屈，眼视右掌。(图4-129、图4-130）

### 21.彩凤凌空　白鸟齐鸣

图4-131

①承上势，身体重心后移至左腿上，右脚尖翘起外撇；同时右掌变八字掌，内旋翻腕上提，高与头平，掌心朝外，左掌亦变八字掌，外旋翻腕下落至上腹前平托，高与腰平，掌心朝上，虎口朝前；上体仍面朝西南；眼平视西南。（图4-131）

图4-132

②上动不停，胯向右旋，上体随胯转向西北，右脚尖外撇向西北落步，身体重心向前偏移至右腿上，左脚跟随之离地抬起，两腿成交叉步，同时右掌变虎掌，由面前向右，向下擒拿至上腹前，掌心朝外，虎口朝左；左掌随之变虎掌，由腹前向西南前方内旋上托，稍高于头，掌心斜朝上，虎口朝右，两臂微屈，眼平视东北。（图4-132）

图4-133

图4–134

③上动不停，胯继之右旋，左脚由右腿后向东北括弧式上步，脚尖微向内扣，右脚随之原地辗转，上体亦随胯转向西北，身体重心偏移至左腿上，两腿变成左弓步，同时左掌下落，与右掌一起于胸前边转边向东北前方伸指顶戳击出，成扣指掌；左掌在前，掌心朝右，高与胸平，右掌在后，掌心朝左，护于左肘内侧，两臂微屈，眼视左掌。（图4–133、图4–134）



## 22.伏虎灵台 永守黄庭

图4–135

图4–136

①承上势，胯向右旋，上体随胯转向正南，右脚收回经左脚内侧向西偏北作括弧式退步，左脚随之原地辗转，使脚尖朝南，身体重心仍在左腿上，两腿成横裆步，同时两掌分开，经胯两侧，变八字掌，向内合抱（如卡物状）至体前右侧，高与腰平，掌心朝后，掌指朝下，虎口相对，眼视两掌。（图4–135、图4–136）

图4–137

②上动不停，右脚尖外撇，胯继之右旋向后，上体随胯转向正西，身体重心偏移至右腿上，膝微屈，左脚随之自然伸直在后；同时两掌仍成上势向右、向后搬按，高与腰平，掌心朝下，虎口相对；眼视两掌前下方。（图4–137）

图4-138

③上动不停，胯继之右旋，上体随胯转向正北，右脚尖随之外撇向北，左脚随之向北作括弧式上步，与右脚平行站立，与肩同宽，两腿微蹲，成开立步；同时两掌由体前向两侧分开斜垂，高与胯平，掌心朝后，掌指朝下，两臂微屈，眼平视正北。（图4-138）



### 23.抱元守一　正气长存

图4-139正面

图4-139反面

①承上势，两腿半蹲成马步，上体随之下沉，同时两掌由体侧外旋，向下经腹前上穿至胸前交叉成十字掌，左掌在外，右掌在内，掌心均朝里；头随之微向后仰，眼视正北。（图4-139正、反面）

图4-140

②上动不停，步型不变，两肘上托，高与肩平，同时两掌内旋分开至面部两侧，高与眉平，掌心朝外，掌指相对，两臂环屈；头正身直，眼仍平视正北。（图4-140）

图4-141

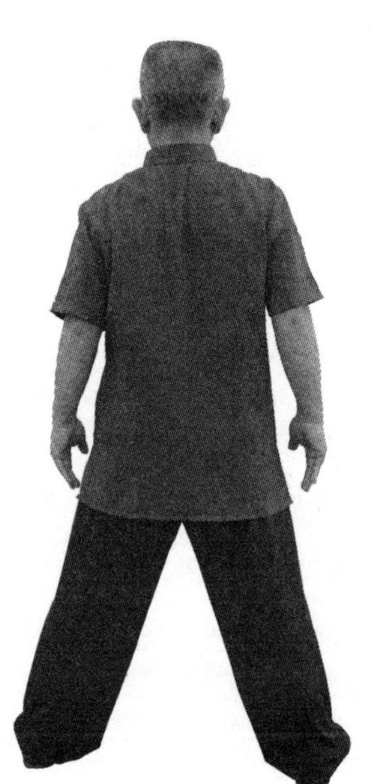

图4-142

③上动不停，两腿站起，膝部微屈；同时两掌向两侧分开下落至两胯旁，还原成预备势。（图4-141、图4-142）

**收势　动静结合　反转乾坤**

图4-143

①承上势，两脚跟内转贴靠，继之两脚尖内扣并拢，两腿还原成并步式。（图143）

②续练第二遍时，即由二十三势“抱元守一正气长存”中之第③节开始，由北起势，最后至南还原收势，动作皆为反势。

# 五、太乙五行拳的竞技内涵与实战运用

扫码观看武当太乙五行拳
经典动作展示

扫码观看武当太乙五行拳
竞技内涵讲解

# （一）技击经典动作展示

武术套路演练属于武术动作经提炼之后的沉淀，自古有之。流传至今，除了强身健体之外，其独特的训练方法能让潜心习练者提高灵活性、协调性、综合力量，并且提升精气神和气质。在竞技领域，套路和格斗的关系是辩证统一的，不能偏废其一。我们提倡通过演练套路更好的掌握拳法的精华、技击，因此此篇重点对套路中六个有代表性的动作进行技击分解，这些技击体现的实战原理源于套路而又高于套路本身，通过技击分解练习从一定程度提高习练者攻防转换意识和实战对抗意识。

竞技实战分为配合练习、对抗练习、实战对抗三个阶段。其中，配合练习是提高习练者的技术基本功到位的掌握和达到熟练程度；对抗练习是提高习练者的技术动作的技术到位，在不同情况下掌握运用熟练程度；实战对抗是习练者在规则框架内综合运用手法、肘击、腿法、摔法等技法进行比赛的阶段。

本篇技击分解属于配合练习和对抗练习阶段，格斗技法:“辨位于尺寸毫厘、制敌于擒拿封闭”。即运动中捕捉战机，利用反关节准确地缠扣对手关节、脉门、穴位，制服对手。在技击中主要涉及的关节有：腕、肘、肩、颈、膝等；主要涉及的穴位是：涌泉穴、合谷穴、内关穴，阳池穴、阴谷穴、血海穴、昆仑穴、风池穴、天柱穴等。

**蛟龙溟濛　雷劈山洪（套路式）**

要领：甲方左拳击打乙方脑部，乙方左手内扣甲方手臂阳谷穴或阳池穴穴位拉至腰部，顺势上右步，右手成按掌按甲方左肘，并用肘关节击打甲方肩背处。

解析：以胯为轴，左收右发，逆时针转动，左手可扣阳谷穴或阳池穴。阳谷穴为晕穴，属手太阳小肠经经穴；阳池穴也是晕穴，属手少阳三焦经原穴，均能凝滞经气运行。

**青狮抱球　闪耀金庭**

要领：甲方于身后抱乙方右小腿，乙方右手呈虎爪下扣，封甲方颈后天柱穴位，左脚向上撩踢，击打甲方面门。

解析：劲由右腿横斜上贯于右手。天柱穴为晕穴，属足太阳膀胱经。亦可扣天柱旁风池穴。风池穴为麻穴，属足少阳胆经。

**豹子含美　仰颈惊林**

要领：甲方于身后抓住乙方肩部，乙方左手按住甲方左手臂合谷穴，用右肘击打下压甲方手臂，断其腕部和肘关节。

解析：劲从右脚右肩贯，但须注意腹部充实，裆胯撑开，有利于贯心稳实，否则易被对手顺势转势拖翻。合谷穴为晕穴，属手阳明大肠经原穴，亦可扣阳池等穴。

**花鹿采芝　俯饮清泉**

要领：甲方右拳冲击乙方头部，乙方右手引化牵扣其腕部阳池穴、阳谷穴，左腿屈膝上提，贴于甲方右肘关节上顺势下压。

解析：以胯为轴，右收左发，扣住腕部阳池穴、阳谷穴。

**金猴窃丹　炉火皆平**

要领：甲方出手抓乙方头发欲拖翻，乙方左手按住甲方抓发之手，变虎爪扣甲方手掌合谷穴处同时上步，右手变八字掌上托甲喉部，向后送胯。

**金蟾得度　醉卧瑶池**

要领：甲方直臂直拳出击乙方脸部，乙方左手抓扣住其腕阳池穴、阴谷穴

穴位处，右手变八字掌从身后卡拿住甲方后颈脖风池穴、天柱穴处。

## （二）格斗要素

上篇重点介绍了具有攻防转换意识且有拳法代表性的六组动作演练，本篇侧重讲竞技格斗的要素，也就是说取胜需要具备哪些条件。

通常大家会问："摔角手能打败拳击手吗？""狭路相逢谁更厉害？"这样的问题，在民间中很有针对性。其实，我们首先应当明确，任何的格斗竞技都是习练者在规则框架内综合运用手法、腿法、摔法、固技、锁技、绞技等技法进行比赛的动作行为，不同拳种之间的对抗应当制定临时裁判规则予以判定。

从格斗要素上讲，影响竞技结果的因素有很多。武当太乙五行拳原名武当太乙五行擒扑二十三式，本身就是一种格斗术。实战不是几组动作组合的简单相加，也不是无规则的缠斗。根据多年的实战经验和竞训成果，我们认为在同等竞技规则前提下开展的实战对抗，其精华和规律是：同等级别比力量，同等力量比技术，同等技术比战术，同等条件比拼意志品质。

### 1.级别

1）性别、年龄、体重

目前，奥运会所有重竞技对抗项目均以性别、年龄、体重来划分参赛条件，这是习练者比赛对抗的前提，也是奥林匹克公平精神的体现。当然在非正规赛事或是商业赛事中也会出现小级别挑战大级别、男女混合对抗用以吸引眼球，具有商业价值但不具有竞技代表性。

2）身体素质

科学选材是前提。古人云"玉不琢不成器"，但运动员首先得具备对抗项目所需要的身体特质，比如：身体条件（身高、指距等）、神经类型、性格特点、素质耐力、协调反应等，这是基因遗传的先天因素，也是能否训练出成绩的前提条件。好的料子加上后期科学训练，将会极大缩短成果周期。

**2.力量**

力量是一切竞技运动的基础，近身格斗是力与巧的技艺，在双方技术势均力敌的情况下，力量便是取胜的法宝。倘你力大于彼，对方的技法便难以施展。人的力分为两种：一是先天之力，即“本力”；二是后天之力，即通过专门训练所得。因此，用好本力和后天之力，才能发挥自如。这种力量主要包括爆发力、耐力和力的综合运用。

1）爆发力

爆发力是指在最短的时间内发挥肌肉最大的力量。正确运用爆发力能比人体通常发出的力量增大数倍，在训练中应重点训练爆发力。

（1）内家拳的意气爆发力。具体讲：意是意念，气是呼吸之气体，意气发力训练就是人利用意念和呼吸之气做出的动作训练。

训练方法：第一步，取自然站立姿势，双手置胸前呈格斗式，舌尖轻贴上颚，深吸半口气与意念同入丹田，以后呼吸轻微、匀速、自然，意气停留在丹田和动作将要达到的位置。此时身体放松，腹部微实，意念集中。第二步，由鼻腔吸半口气，突然用“呼”字将气体压进丹田，同时迅速发动技术动作，使意、气、力三者合一的力量集中在攻击点，另一部分气体撞开双唇闯出口腔外，动作完成，胸肺之气自然由鼻腔吸收补充，恢复原状，再待动作。

（2）整体爆发力，是在意气爆发力基础上的升级连贯动作，是利用自身协调性发出整体性连贯动作而将蓄积的力量击于一点的动作，具有强大的冲击力和破坏性。

2）耐力

耐力是指人体肌肉长时间持续运动和对抗疲劳的能力，是合理分配体能、保障完成赛事、取得胜利的基础和保证。耐力素质是指习练者长时间进行最大强度的格斗对抗时身体持续协调运动的能力，其与习练者生理和心理指标好坏均有关系。

3）力的综合运用

“顺力破之为巧，逆力破之为拙”，是指力量的运用主要依靠巧劲。实战中，两人对抗时均在不停地运动，首先应懂得人在格斗中用力的规律和技术特点，应善于把握人的运动规律，从而把握对手。

一是不要一味用“死劲”“蛮劲”，而要善于用“巧劲”，关键在于“快”与“巧”。“快”指以迅雷不及掩耳之势让对手防不胜防，“巧”指借力用力的方向、角度、力度要恰到好处。

二是要善于“顺势”“借力”，善于借对方的劲使劲，即根据对手的用力大小、方向、角度，来运用自己的力量，使对方的力量化解甚至变为“负力”。其表现形式如“斜劲化直劲”“横力破直力”“四两拨千斤”，这就要求习练者必须熟悉近战各种动作的技法运用，并具备高超的战术意识、丰富的实战经验和手疾眼快的应变能力。

**3.技术**

技术动作，是体现习练者水平差距、拉开档次的关键。“连贯性、组合性、多用性”是技术发展的趋势，是技术训练的重要原则。

1）连贯性

技术动作的连贯性，是指具有把单个动作连接使用的性能。例如武当太乙五行拳的手法、膝法、腿法、摔法的连接使用，就是格斗技术的连贯性。连贯技术是建立在基本技术正确、全面熟练的基础上，讲究以多种基本技术为基础进行两种以上动作的相互连贯或以其中某一技术为主配合其他动作进行连接。单个动作正确是以“时机、握抱把位、支撑点、着力点以及用力方向结束时的姿势是否正确”为标准，只有这些细节解决好了，才能发挥单个技术的效力，从而提高连贯技术的效力。

2）组合性

技术动作的组合性，是指技术动作具有不按先后顺序重新连接技术动作使用的性能。诸如手法、肘法、腿法、膝法、摔法等的连接使用。训练技术动作组合性，能提高思维及动作的反应能力，灵活机动地使用技术动作，更有效地打击对手。

训练方法：第一步，熟练掌握各个基本动作；第二步，做动作重新组合练习。先做单个动作的组合训练，熟练后再做各完整动作中的分解动作组合练习。训练组合动作，有一个由简单到复杂，由不能熟练组合至熟练组合的过程，只要坚持训练，就能达到目的。

训练要求：基本动作要打牢基础，组合动作应切合实际。

3）多用性

技术动作的多用性主要表现在五个方面：一是从技术动作整体而言，具有攻击、防守、摔跤、擒拿、固技、锁技、绞技等性能；二是从技术动作本身而言，具有打、踢、推、插、切、挡、抓、拧、拉、卡、压、进步、退步、闪身等性能；三是从习练者而言，可以利用人体各有效部位从不同方向实施技术动作；四是从攻击目标而言，可实施技术动作对敌上、中、下、前、后、左、右等部位的打击；五是从习练者与技术动作相结合而言，习练者能有选择地运用技术动作对敌有效部位实施攻击。训练技术动作多用性，能提高动作的灵活性和准确性，增强攻击能力，还有利于全面掌握擒敌训练技能，多方面有效地击打对手。

训练方法：第一步，训练人体各有效部位，使之能够掌握技术动作；第二步，训练人体各有效部位，使之能够熟练运用技术动作；第三步，训练使用技术动作的灵活性，攻中有防、防中有攻、击中带拿和指上打下等相互浸透、相互补偿的动作；第四步，训练从不同的方向实施技术动作。对训练的每一个技术动作，都应认真分析、研究，找出其多用性，采取由简单到复杂，由单方面到多方面的训练方法。

训练要求：动作规范、灵活多变、击打准确有力、身体重心稳固。

**4.战术**

在实战竞技中，正确地运用战术，往往能变被动为主动，由劣势变优势。战术是发挥技术动作作用的有效手段。

总的来讲，战术的培养要因材施教、因人而异，每个运动员都有自己擅长领域。同一种训练方式、同一类技战术不能适用于整个运动队，每个运动员都应当在教练团队的集训中形成自己的个人战术特点。在实践中，新老生搭配训练、男女混合对抗、无差别公斤级对抗、力量型与技术型选手对抗、地域交叉换训，都是对运动员战术素养的锤炼。

1）训练战术意识

习练者在训练中有意识地运用战术，养成用战术的习惯，有利于在实战中提高使用战术的成功率。

2）训练在不同情况下对战术的应用

例如：一是对进攻凶猛之敌的打法，不要与敌纠缠乱战，应避其锋芒，采

取防守反击的战术，击其要害部位。二是对擅于防守反击之敌的打法，要运用快拳快腿攻击战术。三是对擅长拳法之敌的打法，要以长制短，以摔制拳。四是对擅长腿法之敌的打法，要以拳制腿，以摔制腿。五是对擅长摔法之敌的打法，要控制好距离击打，使用破摔动作等等战术。

3）训练动作战术

掌握远踢、近打、贴身摔，手打上中盘、腿踢中下盘，肘膝适用等动作打法。还要训练战术的预见性，预见对手的意图和自己所要采取的打法等。

**5.意志品质**

在实战中，强大的意志品质是比赛进入胶着状态下取胜的必要条件。尤其当双方实力接近、拼至力竭之际，更应当敢打敢拼，发扬英勇顽强的精神，谁的意志品质坚强谁就更有希望赢得最后的胜利。首先要树立敢打必胜的信心，要有忘我无惧，顶天立地的气势，要发扬勇敢顽强的战斗作风，在处境困难的情况下临危不惧，顽强拼搏。其次，要沉着冷静，做到胜不轻敌，败不气馁，始终保持清醒的头脑，准确的判断和稳定的心理。第三，在保持注意力高度集中的同时，注意身体的放松，防止因精神紧张而使动作僵滞，要做到意紧形松，松而不懈。

## （三）武当太乙五行拳竞技内涵

实战竞技是灵活多变的，影响习练者能否取胜的因素很多，但规律是不变的。我们应当尊重格斗竞技规律，牢记“同等级别比力量，同等力量比技术，同等技术比战术，同等条件比拼意志品质”法则，从固定的套路中解放出来，活学活用，融会贯通是关键。本篇从重心破坏、手法反制、膝法封缠、腿法缠斗、摔法控制、反关节擒拿、杠杆原理等多角度，突出呈现武当太乙五行拳实战竞技中走圆化柔、以退为进、接引借力、扣穴封缠、抓筋拿脉、后发制人的特点。

在实战格斗中，讲究手法、眼法、身法、步法的合理结合的综合运用。合理的综合技法运用是一个很复杂的问题，需要我们在平时的训练中不断地去体会，而这种体会必须是经过千万次的重复和配合才能被身体感知并记忆的。

比如我们强调格斗中的“抢夺把位”。现在我们在手法的训练上是将抢夺能力与全面技术的连接相结合。也就是说，运用各种合理的手法、身法、步法去完成各种技术动作的运用，加强技术的连贯性、组合性和多用性，并结合自身特点，形成习练者自己的独特技法。

### 1.拳架

“拳架”即格斗架式，是维持身体重心、保持身体平衡的前提，“手是两扇门，全凭腿打人，重心掌握稳，四两拨千斤”是对格斗总的要求；自己重心失掉，其他便无从谈起，可见拳架的重要。武当太乙五行拳的拳架呈格斗无极式，即两手环抱式、两腿括弧式，整体三体式呈太极阴阳鱼态势。要求意气涌泉、自然有力，刚柔相济，稳若泰山。

### 2.手法

“手是两扇门”是格斗界的行话。手法，是在格斗中各种手的运用方法。具体表现为抢把、拉带、搂抱、扠捧、搭扣、挣脱等。手法是技术动作的前奏，又是战术运用的基础。抢把则是手法中的重中之重，讲究“快、准、固”，抢住自己得力的把位，便可控制对手取得进攻与防守的主动权，也就意味着赢了一半。实战手法技术主要有：外拿、抓握、扠捧、搭扣、锁抱、顶推、叼腕、拉带等。本篇重点设置有代表性的格斗情景进行竞技内涵解析。

情景设置：乙方呈格斗无极式，上肢两手环抱、下肢两腿呈三体式，重心在后支撑腿。甲方上前拉住乙方手腕。

1）单手被控制状态下的“手法反制”

如果乙方意图防守摆脱，被控制的手臂可灵活实施“武当穿云手”的两种脱离技术：1. 利用弧形旋臂，通过回旋抽手，破解甲方抓握的力点；2. 利用缠丝劲实施“缠丝绕臂”技术，或上或下、或左或右、或前或后，在走圆化柔中分解甲方固定直向的劲路，即可摆脱甲方控制。

原理：运用杠杆原理、借力打力，不跟对方直接对抗，但是可以通过支点，改变力点和方向，化解对方的直线力量。

启示：习练基础手法“武当莲花掌”，注重手心、手背、大臂的连贯技术性翻转，练活手法、做到来去自如，在实战中搭手即可感知对方劲路和力的大小。

如果乙方意图进攻，需要控制把位和力点，实施“手法反制”技术：左手变掌呈手刀向下用力砍向甲方同向手臂的肘窝，使用连贯技术用左手反控制甲方肘窝并向乙方怀部斜下方用力，体现“斜劲化直劲”技术特点，瞬间改变甲方力点，甲方手臂外翻呈“V”型后，乙方以胯带腰顺势上步利用被控制的右手迅速向外侧撇压甲方手臂，甲方原控制的力点被完全破解并失去重心。其原理是：乙方控制把位，第一个力点在甲方肘窝向内位置，第二个力点则在于乙方后支撑腿上步下压控制把位，第三个力点在于乙方借助甲方控制乙方右手的力量支撑手腕，乙方完全改变甲方力量的方向、顺势上步，三个力点的取得和反控制一气呵成，成功的连贯技术促成了手法反制。

2）双手被控制状态下的“手法反制”

（1）缠丝劲摆脱连贯反制技术。乙方左手变掌呈手刀用力向斜下方砍甲方同向手臂的肘窝，用左手反控制甲方肘窝并向乙方怀部斜下方用力回拉，同时乙方右手使用连贯技术翻腕、缠腕形成缠丝劲摆脱甲方后瞬间借助甲方控制其手腕的力点迅速向甲方怀部推手，甲方原控制的力点被完全破解并失去重心。其原理是：乙方控制把位，第一个力点在甲方肘窝向内位置（力的支点），第二个力点在于乙方使用连贯技术翻腕、缠腕后摆脱控制并顺势回推，两个力点的取得和反控制一气呵成。

（2）接引借力连贯大臂压制技术。乙方左手变掌呈手刀用力向斜下方砍甲方同向手臂的肘窝，用左手反控制甲方肘窝并向乙方怀部斜下方用力回拽拉，同时乙方右手使用连贯技术翻腕、缠腕形成缠丝劲摆脱甲方后控制甲方手腕，以胯带腰顺势上步紧逼并用右臂从斜上方下压呈压倒态势，甲方随即失去重心。其原理是：乙方控制把位，第一个力点在甲方肘窝向内位置（也是支点）；第二个力点在于乙方使用连贯技术翻腕、缠腕后摆脱并抢回手把控制甲方手腕；第三个力点乙方上步后反臂下压，三个力点的取得和反控制连贯。

情景格斗总结：在实战中，也可首先给对方一个同劲路的假动作直线对抗，前手动作的目的在于化解、分解他的力量和注意力，引诱对方持续直向加力。最终的目的是后手动作，或缠丝劲连贯反制或反臂下压，都是借助对方进攻的力为杠杆支点来完成的，达到反控制对方的手把，致使对方无法逃脱并就范。

手法要诀：目的明确，虚实结合，声东击西，变化无常。抢手把要根据自己的技术特点和战术进行、活学活用、融会贯通。当遇到速度快，灵活多变的队员时，要尽可能的控制对方，以采用扠捧锁抱手法为宜；当对手力量大于自己时，则应采取散手的形式最为有利，以抢夺和外拿臂最好。手法的技术不是特定的，而是依据对手的情况不断变化。

**3.步法、腿膝法**

步法是维持和调整身体重心的手段，也是攻守动作的前提，在近身实战中，双方脚步在不停地运动，“脚步乱，则章法乱”，脚步一乱，最易让对方抓破绽。常用的步法有盖步、滑步、跨步、冲步、跟步、进步、退步、跳步、平行步、车轮步等，在不同情况下不同地运用，但无论运用那种步法，都要讲究“步动重心移”，即重心随步的变化而移动，否则便失去重心。切忌两脚并立、两脚在一条线上。

腿膝法是体现武当太乙五行拳的重要技法，这里不重点讲击打，而着重讲缠、绞、绷、挂等下肢身法的综合运用，这里重点介绍有代表性的武当缠丝腿、挂弧腿、跪锁、别缠四组技术。

1）武当缠丝腿

讲究下盘三体式的综合运用，其成功与否取决于前腿封缠角度和后腿跟紧挤压力度，辅之以上肢佯攻，虚实结合、出其不意攻其不备。

（1）内缠腿。当双方处于对峙阶段，利用眼神、手把干扰对方判断，并辅之以上肢佯攻。右腿上前内缠，盘住对方前支撑腿膝关节偏下位置，右缠丝腿挂扣住对方后左腿呈三体式跟紧“挤”并下压，对方随即失去重心倒地。内缠腿的成功效果即展现“武当千斤坠”。如果第一次进攻对方逃脱，那么立即紧跟上步换脚进行缠丝腿，经过左右交替进攻，对方防不胜防。一旦封死，固技得手，就可以一招制敌。

（2）外缠腿，俗称“跸子”。主要是破解对方的支撑腿并实施连贯组合技术的前奏技术。以右腿为例，进攻方身体上前靠肘顶住对方，右腿上前扠步，别住对方身位后对目标支撑腿实施外缠撩踢。外缠腿可连续组合实施、左右交替，出其不意攻其不备，很容易破解对方支撑腿。

2）武当挂弧腿

武当挂弧腿在武当太乙五行拳套路中处处都有身影，是控制对方下盘的基础性技术动作。身法呈三体式，以右腿为例，右腿快速上前扠步，右脚内扣挂住对方前腿脚踝，脚尖与膝盖呈90°，脚趾抓地、意气涌泉、劲路由脚到膝，以脚踝为支点，运用杠杆原理，利用旋转动作灵活转动膝关节，“挤、靠、压”技术动作连贯实施。对方若强硬对抗持续加力则其前小腿胫骨会有折断风险，对方若原地不动则会失去重心倒地，对方若腿部放松将被控制的腿划弧圈外撤，方能解围。

3）膝锁技术

甲方进攻，双手撩抱乙方小腿，挺胸收腹欲实施抱腿摔。

（1）跪锁。乙方在甲方挺胸收腹爆发力尚未形成之前，将重心三体式下压后移至被抱腿弯后跪蹲，以腿部膝关节为支撑点利用自身体重或持续加力弯曲角度锁住甲方双手。

（2）别缠。乙方在甲方挺胸收腹爆发力尚未形成之前，呈三体式下压并迅速用右手紧绕甲方颈部，重心下压后仰并加力于甲方颈部。甲方呼吸不顺、动作会变形，乙方借机碎步转圈调整角度，将被抱的腿伸直并深扠刁进甲方两腿之间，在旋转中施机将小腿向外别缠住甲方支撑腿脚踝位置，用力绷直则甲方失去重心。

**4.综合技法**

综合技法，包括手法、眼法、身法、步法、摔法、固技、锁技等综合技术，是综合格斗术的运用。身法作为综合技术的核心是评价格斗水平的重要标尺，主要有挤、靠、倚、贴、擂、拽、拖等。我们在平时的训练中，要将这些基本的手眼身法步深刻理解和掌握，才能在实战中变化无穷，运用自如。

1）“以横破直”连贯内缠腿技术

在搂抱战术中，甲方迅速下探潜入，头部向下向前俯冲顶住乙方，右手搂乙方同侧腰肋部、左手拽乙方同侧腿弯，欲用肩部向前向上顶起乙方后抱摔。乙方呈三体式接招，重心向后向下压制甲方，出左手将甲方同向手臂的肘关节向内按，破掉甲方上肢支撑力点，体现“横力破直力”技术特点，然后迅速扠步回勾使用内缠腿，乙方呈三体式连贯实施“挤、靠、压”技术，对方重心破解倒地。

2）杆杠“刁、窝、撅”技术

在搂抱战术中，甲方迅速下探潜入，头部向下、向前俯冲顶住乙方，右手搂乙方同侧腰肋部、左手拽乙方同侧腿弯，欲用肩部向前向上顶起乙方后抱摔。乙方呈三体式接招，杀伤力由小到大有三个技术选择，分别是“刁、窝、撅”技术。运用“刁”，则左手顶住甲方同侧肩膀往斜下方加力，右手绕至甲方腋下后向上刁翻，乙方双手到位后同时发力并转体，甲方则翻身倒地；运用“窝、撅”，则乙方以前支撑腿为支点，出左手从甲方腋下穿过，出右臂从甲方颈部穿过将其头部控制在腋下，乙方右手握住左手腕部打结锁住甲方颈部咽喉处，将甲方头部控制到乙方腹部后气沉丹田顶住，同时乙方上步重心后移以甲方咽喉为支点用爆发力夹臂上提，利用杠杆原理下压。甲方若不能成功实施“甩头脱离”技术，则瞬间或被“窝”或被“撅”，因缺氧迅速失去战斗力。

3）武当千斤顶

甲方直线进攻，头部面向乙方，右手搂乙方同侧腰肋部、左手拽乙方同侧腿弯上提，欲控制乙方身位实施“旱地拔葱”技法。乙方上肢搭手控制与甲方的身体距离，下肢紧绷呈弓步下压，出左手将甲方同向手臂的肘关节向下按，借助甲方力量形成进攻支点控制把位。乙方此时已转守为攻，出右手绕至甲方后脑勺，右手摁扣住甲方颈部，并摁住甲方下颚贴挂至乙方右肩，右肩向上耸肩顶起，同时乙方右手臂呈“L”型向下垂直用力拉扯，形成上下垂直的张拉之力，技法完成；在连贯性组合动作中，乙方若持续进攻，在控制身位、带紧底把的同时加力转体，则会对甲方颈椎造成极大的杀伤力。

武当千斤顶的使用主要是以退为进、后发制人，故意放对方进攻进入圈套，形成技术动作。

4）“走圆化柔破力分解”技术

主要是被对方抱腿控制后的反制，侧重讲力的分解和消耗技术，核心是利用支撑杠杆原理，走圆化柔不断转移变换重心分解对方蓄积待发的爆发力，让对方力量无法启动或是无法集中于一点形成杀伤力。

甲方进攻，双手成功撩抱乙方小腿，挺胸收腹欲实施抱腿摔。乙方在甲方挺胸收腹爆发力尚未形成之前，将身体重心三体式下压控制甲方第一个力点。甲方不丢手并蹬地加力挺胸收腹强攻对抗，乙方整体呈三体式，将前腿让给甲方搂抱、两腿碎步移动交替画圆转圈，不断转移调整角度破坏对方力量，边转圈边压制体现“走圆化柔破力分解”“以静制动、以柔克刚”的技术特点。

5）逃脱技术和自我保护意识

（1）“斜劲化直劲”技术。甲方进攻，双手撩抱乙方小腿，挺胸收腹欲实施抱腿摔。乙方若不想缠斗意欲逃脱，则应在甲方挺胸收腹爆发力尚未形成之前，将身体重心三体式下压，并出右手从斜下方直线顶甲方太阳穴位置加力推，直接用角度破解甲方重心，用斜劲化解了甲方的直向力量，甲方被迫松手、乙方成功逃脱。

（2）千斤坠破后方搂抱。甲方从后方搂抱锁住乙方胸部，乙方利用自重迅速下坠或加力下蹲、臀部上翘并顺势用手往斜下方拉带甲方双手，甲方随即被腾空甩出。总体要求动作迅速、技术连贯、一气呵成，方能达到效果。

实战格斗中大多会有损伤，擦伤、扭伤或撇伤甚至骨折都是在所难免的，但实战者应当首先具备自我防范和自我保护意识，不是说畏首畏尾、胆怯怕战，而是说处于下风时如何避免或减轻损伤。这里重点讲倒地的科学方法，倒地时无论向前倒、向后倒还是侧身倒，总的原则是：保护后脑、颈椎、脊椎不直接遭受冲击，屈肘弯臂，手掌（掌心向下）和前小臂同时着地，十指向下，缓冲下落，全身保持紧张状态，屏住呼吸，滚动圆滑。可通过前后翻滚、虎扑等徒手练习学会各种倒地的自我保护方法。

# 后　记

这本书，是我母亲——当代武当武术宗师赵剑英毕生心血的结晶。我们将她生前重要成果整理、录制结集出版，也算是对她老人家生前遗愿的一点交代。

古贤达称“立德、立功、立言”为人之“三不朽”。而我母亲在世时对此却看得很淡。不求闻达于世，只求修己利人，甚至舍己为国，是她一生的修为和追求。

很多人都说，我母亲的一生是传奇的人生。此言不虚。

她年轻时，胸怀报国之志。年芳二八，就出任抗战第五战区的武术教官。之后，与时任李宗仁随行副官、第五战区司令部上校参谋覃辉结为伉俪，夫妇二人携手并肩、舍生忘死奔波于抗战前线。此为一奇。

解放战争时期，父亲率部起义，投奔于人民的解放事业。在一次战乱中，母亲为了掩护游击队突围，忍痛将刚出生的女儿（我的二姐）寄养在老乡那里，而解放后一直寻找也没找到。五十年后，是失踪的女儿寻母找上门来才得以团圆，令人感集交加，悲嘘不已。此为又一奇。

中华人民共和国成立后，刚有的平安生活就被连续不断的政治运动所搅乱。父亲被打成右派，直至在“文革”动乱中被极左路线摧残至死。母亲也因受牵连而丧失工作，牵着年幼的兄弟三人从广西避难回湖北均县老家。原想避乱，没想到又一横祸从天而降。因父亲被打成右派且来自南方边陲，我们在千里之外的均县也被莫须有地冠以“有海外关系和重大特务嫌疑”的帽子，加之母亲教青少年学拳竟被莫须有的扣上“毒害青少年、均县武斗总幕后”的帽子，含冤入狱，坐了两年牢。其平反昭雪都是拨乱反正之后的事。迟暮之年逢开明盛世，让她跃上人生的巅峰——被国务院文化部任命为中国首批国家级非物质文化遗产武当武术代表性传承人。岁月蹉跎，人生沉浮，艰难困苦，玉汝于成，真可谓奇中又奇。

在旁人与后人眼中的这种人生传奇，在母亲看来却不足为道。她常说，困苦遭罪，是磨炼人生，不值得计较；功名利禄，是身外之物，不值得张扬。对人对事，她总是慈颜善目、慈悲为怀，即使是对有仇之人也是如此。对当年使她蒙冤入狱的诬告者，她不去追究；对将我的父亲打伤至死的造反派，她不让我们兄弟和乡亲们去“以血还血，以怨报怨”。她说，极左时代的问题功过自有后人评论，要我们擦干眼泪向前看。

上善若水，厚德载物，这就是母亲的修为。就像“水善利万物而不争，处低下而不怨”，如同“海纳百川，有容乃大；壁立千仞，无欲则刚。”母亲行的是正道，修的是大道。她生前之所以被聘为武当山道教协会武术总教练，深受武当山道教协会尊重，也正是基于此。

张三丰祖师说：“拳者，技之末也。”何为行武修身者的根本呢，当然是道！我母亲和众多武术家一样，都经历了“由拳入道，道拳合一”的修炼过程，只是每个人的感悟有所不同而矣。母亲一生痴迷于武术事业，不管在什么情况下都“不改初心”。她始终认为，武术是一门利国利民的事业，并为此作出了毕生的贡献。我们要继承她的遗志，弘扬她的精神，将她老人家未竟的武术事业做得更好。

当前和今后较长一段时间里，我们应抓紧做的主要是两件大事：一是硬件建设，即建设好丹江口市国家级非物质文化遗产武当武术传承基地；二是软件建设，包括武术人才的储备和培养，突出太乙五行拳教练专业队伍的打造；还要对我母亲留下来的宝贵的武术资料进行进一步整理编辑，作为教材推而广之。

这本书，就是本着这一思想而编辑的。书籍筹备之初，首先受到了江百龙先生的点拨和牵线搭桥。在编辑过程中，得到了李光富、沈虹光、曾文华、蔡贤忠、吴三敏、温冰等领导和朋友们的积极指导和大力支持。在此一并感谢！

由于篇幅和水平所限，难免挂一漏万。有疏漏之处，恳望方家指正。

覃献平　2017年6月19日于湖北静乐宫